つまめる TSUMAMI

藤井 恵

文化出版局

CONTENTS

PART1 STICK & BALL

- 6 レバーのはちみつ焼き
- 6 鶏肉のハーブ塩焼き
- 8 刺し身スティック 3種だれ
- 10 フィッシュ&チップス
- 11 バーグ&ポテト
- 12 ペッパースティックパイ
- 13 パルメザンミニコロッケ
- 14 チキンチューリップのピリ辛揚げ
- 14 自家製スモークチーズ
- 15 ベジグリル
- 15 アスパラの肉巻きフライ
- 16 チキンボール
- 17 シュリンプボール
- 18 ロールカレーパン
- 19 ローズマリーのミートボール

- 20 お気に入りのビールと5分おつまみ
  ピクルススティック
  大根スライスのチャンジャのせ
  じゃがいものオイルサーディンのせ焼き
  ピータン豆腐
  まぐろとアボカドのバルサミコじょうゆ
  豚しゃぶのキムチ巻き

PART2 WRAP & ROLL

- 26 たこと黄にらの生春巻き
- 26 生ハムとトーストの生春巻き
- 28 油揚げのねぎみそ焼き
- 29 きゅうりの梅スパイラル
- 30 クリームチーズのサーモンロール
- 31 えびとゆり根のフィロ包み
- 32 そば粉のミニクレープ
- 33 サラミのマスタードロールパイ
- 34 まぐろの韓国風のり巻き
- 35 チャーシューと野菜の中華クレープ
- 36 たこシュウマイ
- 36 しいたけ蓮根の焼きギョウザ
- 37 カッテージチーズとピクルスの
     トルティーヤ包み
- 37 ねぎ春巻き
- 38 揚げ春巻き
- 39 かにとアボカドの湯葉包み

- 40 お気に入りのワインと5分おつまみ
  クリームチーズのしょうゆ漬け
  パパイアの生ハム巻き
  トマトとモッツァレラのピック
  ブルーチーズのレーズン添え
  オリーブのローズマリー風味
  カリフラワーのエスニック揚げ

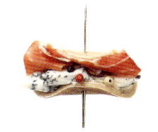

PART3 CUP&PLATE

- 46　帆立のカナッペ
- 46　タプナードのカナッペ
- 48　豆腐テリーヌのズッキーニのせ
- 49　えびマリネのきゅうりのせ
- 50　ビーフシチューのタルト
- 51　クリームシチューのタルト
- 52　ツナサラダのトマトカップ
- 53　かにサラダのシェルカップ
- 54　うに風味のスクランブルサンド
- 54　キムチのちぢみ
- 55　ギョウザの皮チップス
- 55　パルメザンのチュイル
- 56　明太クリームのセロリボート
- 57　さや豆サラダのチコリボート
- 58　イクラとサワークリームのカナッペ
- 59　生ハムムースの食パンカップ

- 60　お気に入りの日本酒と5分おつまみ
  　　　生麩の田楽
  　　　塩ざけのあぶり焼き
  　　　あさりの酒蒸し　ぽん酢だれ
  　　　まぐろのたたき
  　　　たこのてんぷら
  　　　帆立のうに焼き

PART4 AFTER DRINK

- 66　ミニハンバーガー
- 66　ミニドッグ
- 68　ちびいなり
- 69　一口にぎり
- 70　カリフォルニア巻き
- 71　エスニックえびめんのワンタンカップ
- 72　からすみ餅
- 72　一口韓国風そうめん
- 73　チーズ入りのライスコロッケ
- 73　焼きおにぎり茶漬け
- 74　リコッタチーズのエスプレッソがけ
- 75　レアチーズケーキ
- 76　カスタードタルト
- 77　マロンクリーム
- 78　一口ゼリー
- 79　アイスキャンディ

本書のきまり
- 小さじ1は5ml、大さじ1は15ml、1カップは200mlです。
- 電子レンジは出力500Wを使用しています。

PART 1

気軽に指でつまめるフィンガーフードが人気です。
竹ぐしやようじで刺したり、小さく丸めたり、
いつものおかずが、ほらね、ちょっぴりおしゃれに変身です。

STICK & BALL

レバーのはちみつ焼き

しょうが風味をきかせた、はちみつじょうゆのぴかぴかレバー。
たれに一晩漬けておくから、お味はとってもマイルド。
この美しい照りに、レバー嫌いも思わず手がのびます。

材料・約10本分
鶏レバー　150g
A
- はちみつ　大さじ1
- しょうゆ　大さじ1
- 酒　大さじ1
- しょうが汁　小さじ1

1　レバーは水に10分ほどさらして血抜きをし、きれいに掃除をして一口大に切る。
2　Aの材料を合わせ、レバーを漬けて冷蔵庫に一晩おく。
3　2の汁気をきり、オーブンペーパーを敷いた天板に並べて200℃のオーブンで10分ほど焼く。途中、残った漬け汁を1～2回つけながら焼くと、照りがよくなる。焼けたら、くしに刺す。

鶏肉のハーブ塩焼き

煙を出しながらぼうぼう焼く、おじさん焼き鶏にさようなら。
オーブンでお部屋も汚さず、のんびり焼いて、
おいしい自然塩と、好みのフレッシュハーブでいただきます。

材料・約10本分
鶏胸肉　150g
A
- タイム（生）やローズマリー（生）の刻んだもの　合わせて大さじ1
- オリーブ油　大さじ1
- 自然塩　小さじ1
- こしょう　少々

タイム（生）の刻んだもの　少々

1　鶏肉は一口大に切り、Aの材料を順にふりかけて、全体にからめる。
2　オーブンペーパーを敷いた天板に1を並べ、200℃のオーブンで10分ほど焼く。焼けたらくしに刺し、タイムを散らす。

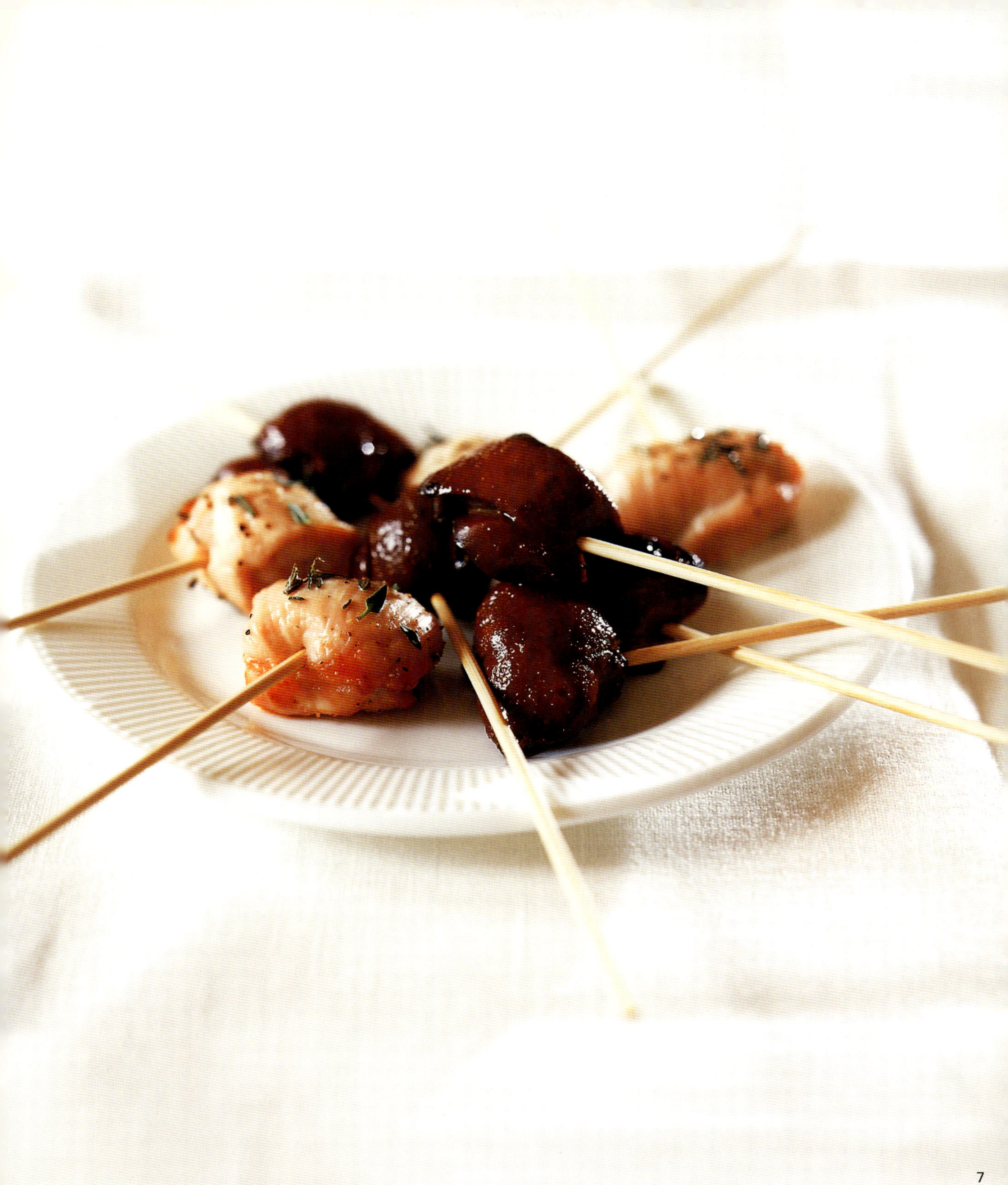

刺し身スティック　3種だれ

ヘルシーなお刺し身は、いつもみんなの人気者。
でも、わさびじょうゆだけでは、ちょっと退屈。
パーティには梅やわさび、
ハーブなどのたれがそろえば、
どんな飲み物にもぴったり合って、気分は上々。

梅だれ

ハーブ酢

わさびだれ

材料・4〜5人分
まぐろの刺し身（さく）　150g
ひらめの刺し身（さく）　150g
梅だれ
├ 梅肉　大さじ1
├ だし汁　大さじ2
├ しょうゆ　小さじ1
└ 酒（煮きったもの）　小さじ1
ハーブ酢
├ エストラゴン（生）、セルフイユ（生）、
│　ディル（生）などの刻んだもの
│　合わせて大さじ1
├ 白ワインビネガー　大さじ3
└ 自然塩　小さじ1/3
わさびだれ
├ おろしわさび　小さじ1
├ しょうゆ　大さじ1
├ 酢　大さじ1
└ ごま油　小さじ1

1 刺し身はそれぞれ食べやすい大きさのそぎ切りにし、くしに刺す。
2 3種のたれはそれぞれ混ぜ合わせ、刺し身につけながらいただく。

フィッシュ＆チップス

**イギリスを代表するファストフード、フィッシュ＆チップス。
ご本家のフィッシュはたらのフリッターだけれど、ここではわかさぎ。
おいもと一緒に小さなカップで、ラッシュ状態です。**

材料・4人分
わかさぎ　8尾
A ┌ 塩、こしょう　各少々
　└ チリペッパー　少々
じゃがいも（メイクイーン）　3個
塩、こしょう　各少々
小麦粉　適宜
揚げ油　適宜

1　わかさぎは濃いめの塩水（水1カップに塩小さじ1を溶かしたもの）で洗い、ざるに上げて水気をきり、Aの材料をふって下味をつける。

2　じゃがいもは皮をむいて1cm角の棒状に切り、水にさらしてあくを抜き、水気をよくふき取る。

3　揚げ油を160℃に熱して**2**のじゃがいもをじっくり揚げ、一度取り出す。揚げ油を180℃に上げて再びじゃがいもを入れ、表面をカラリと揚げて取り出し、塩、こしょうをふって味をつける。

4　**1**のわかさぎは水気をふいて薄く小麦粉をまぶし、180℃の揚げ油でこんがりきつね色に揚げる。

バーグ＆ポテト

おもてなしだからといって、新作にチャレンジしなくても大丈夫。
これはいつものハンバーグに、いつものポテトを組み合わせただけ。
オーブンで焼いているから、多めでも、手間なし簡単！

材料・12本分
ハンバーグ
- 牛ひき肉　200g
- 玉ねぎのみじん切り　1/4個分
- バター　10g
- パン粉　1/4カップ
- 牛乳　大さじ1
- 塩　小さじ1/3
- ナツメッグ　小さじ1/3
- パセリのみじん切り　大さじ1

小麦粉　適宜
サラダ油　大さじ1
じゃがいも（ベビーポテト）　3個
塩、こしょう、サラダ油　各少々
セージ（生）　12枚

1　初めにハンバーグのたねを作る。ボウルにバターを入れて手で練り、パン粉と牛乳を加えて、パン粉がしっとりするように混ぜ合わせる。

2　1にハンバーグの残りの材料を加え、よく練り混ぜて12等分し、丸めて薄く小麦粉をまぶす。

3　フライパンにサラダ油を熱して2を入れ、表面にこんがりと焼き色をつける。

4　じゃがいもはよく水洗いして皮つきのままラップフィルムで包み、電子レンジ強（500W）で1分30秒加熱して1個を四つに切り、塩、こしょう、サラダ油をまぶす。

5　オーブンペーパーを敷いた天板に3と4を並べ、200℃のオーブンで10分ほど焼く。焼き上がったら、ハンバーグ、セージ、じゃがいもの順にピックに刺す。

ペッパースティックパイ

冷凍のパイシートって、使いこなすと、とっても便利。
黒こしょうをふって、焼いただけで、ね、このとおり。
おつまみにぴったりでしょ。チーズをふっても**OK**ですよ。

材料・9本分
冷凍パイシート（18cm角）　1枚
粗びき黒こしょう　適宜
自然塩　適宜

1　パイシートは半解凍にし、そのまま上面に黒こしょうと塩をふる。
2　1を端から2cm幅に切り、両端を持ってねじる。
3　オーブンペーパーを敷いた天板に2を並べ、180℃のオーブンで15分ほど焼く。

材料・20個分
じゃがいも　200g
パルメザンチーズ　50g
塩　少々
粒ピンクこしょう　大さじ1/2
小麦粉、とき卵、パン粉　各適宜
揚げ油　適宜

1　じゃがいもはゆでて皮をむき、熱いうちにつぶす。
2　1にチーズ、塩、ピンクこしょうを加え、よく混ぜ合わせて20等分にする。
3　2を丸めて小麦粉をまぶし、とき卵にくぐらせて、パン粉をまぶす。
4　揚げ油を170℃に熱して3を入れ、ときどき返しながらきつね色に揚げる。

パルメザンミニコロッケ

なんか、いつものコロッケと違いますね。
秘密は、美しいパン粉！　フードプロセッサーで砕いています。
ピンク色の粒こしょうもちらほら見えて、ちょっとおしゃれに。

チキンチューリップのピリ辛揚げ

鶏の手羽先がチューリップの形をして売られています。
つまんで食べて、という感じだから、そうしましょう。

材料・12本分
鶏手羽先（チューリップ）　12本
A ┌ しょうゆ　1/2カップ
　├ 砂糖　1/4カップ
　├ 酒　大さじ2
　├ みりん　大さじ2
　├ 豆板醤　小さじ1
　├ おろしにんにく　1かけ分
　└ おろししょうが　1かけ分
揚げ油　適宜
白ごま　少々

1　ボウルにAの材料を合わせ、鶏肉を入れて20分ほど漬け込む。
2　揚げ油を170℃に熱し、1の汁気をよくふき取って入れ、からりと揚げる。
3　2の揚げたてに、白ごまを散らす。

自家製スモークチーズ

おうちで燻製が簡単にできるの、知っていました？
人気の燻卵だって、数分でスモーク風味が完成です。

材料・16個分
サムソーチーズ*　130g
好みの紅茶の葉（アールグレー）　大さじ3
ざらめ糖　大さじ1
米　大さじ3

*サムソーはデンマーク産のチーズで、牛乳から作られています。味にくせはなく、セミハードタイプで、加熱してもとけにくいのが特徴です。

1　チーズは2cm角に切る。
2　中華鍋の底にアルミ箔を敷き、ざらめ糖、米、紅茶の葉を入れて、底につかない大きさの丸い焼き網をのせる。
3　2を中火で加熱し、煙が出てきたら焼き網の上に1のチーズをのせ、燻煙がつかないようにアルミ箔で覆ったふたをして、1分ほどスモークする。

ベジグリル

バーベキュー感覚でいただく、カラフル野菜のグリル。
シンプルな味つけなので、塩はおいしいものを使って…。

材料・12本分
赤、黄ピーマン　各大1/2個
ズッキーニ　小1本
ペコロス（小玉ねぎ）　6個
ミニトマト　12個
エリンギ　2本
A ┌ オレガノ（ドライ）　小さじ1
　│ 自然塩　小さじ1
　│ 粗びき黒こしょう　少々
　└ オリーブ油　大さじ3

1　ピーマンはへたと種を取って一口大に切り、ズッキーニは1cm厚さの輪切りにする。ペコロスは皮をむいて半分に切り、トマトはへたを取る。エリンギは縦半分に切って、食べやすい大きさに切る。
2　ボウルにAの材料を合わせ、1の野菜を入れて、少なくとも10分以上は漬け込む。
3　グリルパン、またはフライパンを熱し、2の野菜の両面をこんがりと焼いて、彩りよくくしに刺す。

アスパラの肉巻きフライ

アスパラフライのこつは、できるだけ細めを選ぶこと。
輸入品のミニアスパラで作ると、
エレガントな二口サイズに。

材料・8本分
グリーンアスパラガス　8本
しゃぶしゃぶ用豚肉　8枚
塩、こしょう　各少々
小麦粉、とき卵、パン粉　各適宜
揚げ油　適宜

1　アスパラガスは下1/3を残して、豚肉を穂先までせん状に巻き、塩、こしょうする。
2　豚肉の部分に小麦粉、とき卵、パン粉の順にフライ衣をつけ、170℃の揚げ油できつね色に揚げる。

チキンボール

**真ん丸つくねのお味は、エスニック風味いっぱいのクミン。
青とうがらしがぴりっときいたサルサにつけていただくと、
のどごしのいいビールや、焼酎のロックがすすみます。**

材料・12個分
鶏ひき肉　200g
万能ねぎ　50g
クミンパウダー　小さじ1/2
塩、こしょう　各少々
卵　小1/2個
片栗粉　大さじ1
サルサ
　┌紫玉ねぎのあられ切り　1/4個分
　│青とうがらしの小口切り　1本分
　│塩　小さじ1
　└酢　大さじ3

1　万能ねぎは小口切りにする。ひき肉にねぎ、クミン、塩、こしょうを加え、よく練り混ぜる。
2　**1**に卵と片栗粉を加えてさらによく混ぜ、12等分して丸める。
3　マフィン型にオーブンペーパーを敷き、**2**のたねを入れて、200℃のオーブンで15分ほど焼く。
4　サルサの材料は混ぜ合わせて10分以上おき、焼き上がった**3**につけながらいただく。

シュリンプボール

ココナッツ衣の中から、ぷりぷりしたえびだんごが顔を出す、
食感がなんとも新鮮なシュリンプボール。
ナムプラーや香菜をきかせた、とってもアジア風な一品です。

材料・12個分
むきえび　200g
A┌にんにくのみじん切り　1かけ分
　│しょうがのみじん切り　1かけ分
　│香菜の根のみじん切り　2本分
　│ナムプラー　大さじ1/2
　└こしょう　少々
B┌ココナッツの細切り　50〜100g
　│レモングラス(生)の根元の
　└　みじん切り　2本分
揚げ油　適宜

1　えびは背わたを取って、フードプロセッサーで粗く刻み、Aの材料を加えてざっと混ぜ合わせる。
2　1のたねを12等分して丸め、Bの材料を合わせて表面にまぶしつける。
3　揚げ油を170℃に熱し、2を入れてきつね色に揚げる。

ロールカレーパン

さくさくした食感が心地よい、一口サイズのカレーパン。
市販のレトルトカレーを、好みのパンで巻いたり、重ねたり。
パン粉をつけて揚げれば、ほらね、でき上り。

材料・12個分
サンドイッチ用食パン（プレーン、ほうれん草、トマトなど）　4枚
レトルトカレー（市販品）　1/3カップ
A ┌ 小麦粉　大さじ4
　└ 牛乳　大さじ3
パン粉　適宜
揚げ油　適宜

1　カレーは冷たいまま具と一緒にフードプロセッサーにかけ、ペースト状にする。
2　ラップフィルムを広げてパンをのせ、上面に1を薄くぬって手前から巻き、ラップフィルムでぴっちりと包んで、しばらくおいて落ち着かせる。
3　Aの材料を混ぜ合わせて、衣を作る。
4　2のラップフィルムをはがし、全体に3の衣をつけてパン粉をまぶし、180℃の揚げ油でこんがりと揚げて、1本を三つに切る。
＊重ねたタイプのカレーパンは、2段重ねにしたものを同じように揚げて、一口サイズに切っています。

ローズマリーのミートボール

ローズマリーをメインに、パセリとにんにくをプラスした、
地中海の香りいっぱいの、ちっちゃなミートボール。
ようじ代わりに刺した、ローズマリーの小枝もかわいいでしょ。

材料・12個分
合いびき肉　200g
A
- ローズマリー（生）のみじん切り　小さじ1
- パセリのみじん切り　大さじ1
- にんにくのみじん切り　1かけ分
- パルメザンチーズ　大さじ1
- パン粉　大さじ3
- 塩、こしょう　各少々
- オリーブ油　大さじ1

ローズマリーの枝　12本

1　ひき肉にAの材料を加えてよく練り合わせ、12等分して丸める。
2　天板にオーブンペーパーを敷いて1を並べ、180℃のオーブンで12〜15分焼く。
3　焼き上がった2に、ローズマリーの枝を刺す。

お気に入りのビールと5分おつまみ

みんなが集まるときは、ビールもちょっと話題性のあるものをセレクト。
テイスティングをしながらわいわいがやがや、世界のビールを楽しみます。
おつまみは、どれも手軽でビールに合うものばかり。お料理が苦手という方も、ぜひ作ってみてください。

ベルヴュー・フランボワーズ
木いちごを漬け込んだベルギー産のビール。淡いピンク色がとてもおしゃれです。甘さもほどよく、泡立ちもシャンパンのようなので、食前酒におすすめです。

ピクルススティック
大急ぎのとりあえずおつまみは、これに決まり！ 市販の野菜ピクルスを、彩りよく組み合わせただけ。

材料
カリフラワー、ヤングコーン、赤ピーマン、
　きゅうりなど好みのピクルス（市販品）
　適宜

食べやすい大きさに切り、彩りよくピックに刺す。

ミッキー・ビッグマウス
いかにもアメリカ的な、軽いのどごしのさわやかビール。暑い日にとりあえず1杯、というときにぴったり。ホップがきいて、軽い中にもうまみがあります。

大根スライスのチャンジャのせ
コリアンフードのブレークで、注目なのがチャンジャ。こりこりした歯ごたえがおいしい、たらの内臓の塩辛です。

材料
大根　4cm
チャンジャ＊（市販品）　適宜
白ごま　適宜
＊チャンジャはたらの内臓（主に腸）の塩辛で、キムチの売り場などで市販品を見かけるようになりました。

1　大根はかつらむきにして4cm幅の斜め切りにし、冷水につけてくるんと丸みをつける。
2　1の水気をふき取り、チャンジャをのせてごまを散らす。

サミュエル・スミス
イギリス産のスタウト。ほのかな甘さとこくがあり、ちょっと一息つきながらいただくのに最適。こんなときのおつまみは、楽しい会話でしょうか。

じゃがいものオイルサーディンのせ焼き
じゃがいもをレンジでチンすれば、あとは缶詰のいわしをのせて、オーブントースターでこんがり焼くだけ。ビギナーにぴったり。

材料・10個分
じゃがいも（メイクイーン）　1個
オイルサーディン（缶詰）　10尾
粗びき黒こしょう　少々

1　じゃがいもは皮をむいて6〜7mm厚さの輪切りにし、さっと水洗いして水気のついたままラップフィルムで包み、電子レンジ強で1分30秒加熱して火を通す。
2　1の上にオイルサーディンをのせてこしょうをふり、オーブントースターで3〜4分焼く。

お気に入りのビールと5分おつまみ

アンカー・リバティー・エール（写真左）
マスカットのようなフルーティな香りが特徴のアメリカ産ビール。ほどよい苦みとのどごしのよさが女性に人気です。

シメイ・レッド（写真右）
ベルギー産の有名な修道院ビール。ここで紹介しているレッドはマイルドなタイプで、ほかにシャープな苦みのホワイト、濃厚なタイプのブルーがあります。

ピータン豆腐
ピータンにかわいい仲間出現！　一口サイズのうずら卵。中国風の前菜を、塩とごま油でさっぱりといただきます。

材料・8個分
うずら卵のピータン　4個
豆腐　1/2丁
大葉　8枚
ごま油、自然塩、こしょう　各少々

1　ピータンは殻をむいて縦半分に切り、豆腐は8等分にする。
2　大葉の上に豆腐、ピータンを順にのせ、上からごま油、塩、こしょうをふりかける。

ギネス・ドラフト（写真左）
黒ビールの代名詞にもなっている、アイルランドのビール。こくがあり、クリーミーな泡立ちは絶品。特にドラフト缶は、樽から直接注いだような本場の泡が楽しめます。

オゼノユキドケ（写真右）
日本酒メーカーが製造している群馬県の地ビール。ヨーロッパ国際酒類品評会で金賞を受賞。タイプがいろいろあり、お気に入りはすっきりしたホワイトのヴァイツェン・タイプ。

まぐろとアボカドのバルサミコじょうゆ
まぐろと相性のいいアボカドとの、ナイスカップル。バルサミコの風味で、イタリアン気分を味わいます。

材料・約8本分
まぐろの刺し身（さく）　100g
アボカド　1/2個
バルサミコじょうゆ
　┌バルサミコ酢　大さじ1
　└しょうゆ　大さじ1
木の芽　適宜

1 まぐろは2cmの角切りにし、アボカドは皮をむいて、一口大に切る。
2 まぐろ、アボカドを一組みにしてピックに刺し、木の芽を飾る。
3 バルサミコじょうゆの材料を合わせ、**2**につけながらいただく。

豚しゃぶのキムチ巻き
なんと豚肉をしゃぶしゃぶにするだけで、クッキング完了。あとはキムチを巻くだけだから、簡単でしょ。

材料・12個分
しゃぶしゃぶ用豚肉　12枚
白菜のキムチ（市販品）　100g
万能ねぎ　12本

1 豚肉は塩少々を入れた熱湯でさっと火を通し、水気をきる。
2 キムチは食べやすい長さに切り、12等分する。
3 **1**を広げて**2**を巻き、万能ねぎで二重に巻いて結ぶ。

PART 2

包んだり、巻いたりするのも、おつまみ向き。
食べるまで、中身がよくわからないのも、いいでしょ。
会話につまったとき、おいしい料理が力になります。

WRAP & ROLL

たこと黄にらの生春巻き

人気の生春巻きはノールール。どんな具を巻いてもOKです。
こちらは歯ごたえが自慢の、ゆでだこと生の黄にら&三つ葉。
甘辛酸のスイートチリソースでぱくぱくといただきます。

材料・4本分
ライスペーパー　4枚
ゆでだこ　80g
黄にら　8本
切り三つ葉　8本
スイートチリソース（市販品）　適宜

1　ライスペーパーは1枚ずつぬるま湯にくぐらせ、水気をかたく絞ったふきんの上に重ならないように広げてもどす。
2　たこは薄い小口切りにし、黄にらと三つ葉は長さを3等分に切る。
3　1のライスペーパーを広げて、手前に黄にらと三つ葉をのせ、左右のどちらかを残して折りたたみ、手前から巻く。巻終り近くにたこを並べ、たこが透けるように巻き終える。
4　3にスイートチリソースをつけていただく。

生ハムとトーストの生春巻き

トーストしたフランスパンを包むなんて、愉快でしょ。
こちらがまた新食感なの、ぜひお試しを。
生ハムの塩気がビールや白ワインによく合います。

材料・4本分
ライスペーパー　4枚
生ハム　4枚
フランスパン（1.5cm角×10cm長さ）
　　4本
オリーブ油　大さじ1
ミニトマト　4個
ルッコラ　12枚
塩、こしょう　各少々

1　ライスペーパーは上記を参照して、もどす。
2　フランスパンはオリーブ油を全体にぬり、オーブントースターでかりかりに焼く。
3　トマトはへたを取り、薄切りにする。
4　1のライスペーパーを広げて、手前に生ハム、2のパンとルッコラをのせて軽く塩、こしょうし、左右のどちらかを残して折りたたみ、手前から巻く。巻終り近くにトマトを並べ、トマトが透けるように巻き終える。

27

油揚げのねぎみそ焼き

材料はとってもシンプル、なのにかわいらしさは満点。
居酒屋メニューのねぎみそが、おしゃれに変身しました。
レシピだってもちろん簡単、トースターで焼くだけ！

材料・2本分
油揚げ　2枚
あさつき　4本
A ┌ みそ　大さじ3
　├ みりん　大さじ1
　└ しょうが汁　大さじ1/2

1　油揚げは長い1辺を残して3辺を切り、開く。
2　あさつきは小口切りにし、Aの材料は混ぜ合わせる。
3　1の油揚げを開いた中側を上にして置き、上面の全体にAを薄くぬってあさつきを散らし、手前から巻く。
4　巻終りを下にしてオーブントースターでこんがりと焼き、一口大に切って、ようじを刺す。

きゅうりの梅スパイラル

お料理ビギナーに強い味方の薄切り調理器、スライサー。
きゅうりが魔法のように、美しいリボンになります。
それをくるくると巻いて、頭にはちょこんと大葉で飾りを。

材料・8個分
きゅうり　1本
A ┌ 練り梅　小さじ2
　├ みりん　小さじ1/4
　└ 白ごま　小さじ1/2
大葉　2枚

1　きゅうりは両端を切り落として、長いままスライサーで薄切りにし、塩少々をふってしんなりさせる。
2　Aの材料を混ぜ合わせる。大葉は十字の4等分に切る。
3　1のきゅうりの水気をふき取って円錐形に巻き、底からAを詰めて、上に細く巻いた大葉をさす。

クリームチーズのサーモンロール

相性よしのスモークサーモンとクリームチーズ。
フレッシュハーブの風味をきかせて、一口サイズにおすまし。
ロールが切りにくいときは、冷凍庫で落ち着かせるのがこつ。

材料・8個分
スモークサーモン　4枚
クリームチーズ　50g
A ┌ タイム(生)のみじん切り　小さじ1
　├ ディル(生)のみじん切り　小さじ1
　└ 塩、こしょう　各少々
ディル(生)　適宜

1　クリームチーズは室温、または電子レンジ強(500W)で10秒ほど加熱してやわらかくし、Aの材料を加えて混ぜ合わせる。
2　スモークサーモンを広げて1を薄くぬり、幅の細いほうから巻いて、落ち着かせる(チーズがやわらかいときは、冷凍庫に20〜30分入れるといい)。
3　2の長さを半分に切り、切り口にディルを飾る。

えびとゆり根のフィロ包み

紙のように薄い小麦粉生地のフィロ、今注目です。
パイ生地よりもあっさりとして、食感はパリパリ&ホロホロ。
中に包んだ具が、ストレートに味わえるのも魅力です。

材料・8個分
ブラックタイガーえび　4尾
A［白ワイン　少々
　　塩　少々
ゆり根　50g
ホワイトソース（市販品）　1/2カップ
パート・フィロ（15×2cmのリボン状）
　　48枚

1　えびは背わたと殻を取って1cm幅の輪切りにし、Aの材料で下味をつける。
2　ゆり根はきれいに掃除をして、1枚ずつにほぐす。
3　ホワイトソースに**1**と**2**を加え、軽くあえる。
4　フィロを6枚一組みにして放射状に広げ、**3**を中央にのせて、茶巾包みにする。
5　オーブンペーパーを敷いた天板に**4**を並べ、160℃のオーブンで15分ほど焼く。

・パート・フィロ
小麦粉、スターチ、植物油、塩、水などを
練り合わせて紙状にした生地で、
冷凍の輸入品が市販されています。
ちなみに、写真はオーストラリア製。
輸入品を扱う食品スーパーなどで買うことができます。

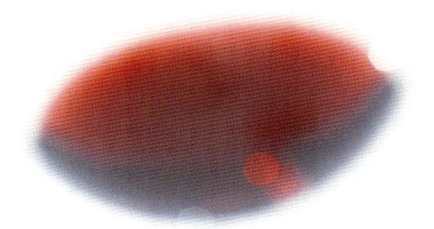

そば粉のミニクレープ

生ハムとブルーチーズ、個性派どうしの組合せなのに、
お味はとてもマイルド。秘密はクリーミーなマッシュポテトです。
スパイシーな粒こしょうも、ピリリと存在感をアピール。

材料・28個分
クレープ
- そば粉　50g
- 薄力粉　25g
- 卵　1/2個
- 塩　小さじ1
- 水　3/4カップ

マッシュポテト
- じゃがいも　1個
- 牛乳　1/4カップ
- バター　10g
- 生クリーム　大さじ1
- 塩、こしょう　各少々

生ハム　7枚
ブルーチーズ　50g
ミックス粒こしょう　適宜
サラダ油　適宜

1　クレープ生地の材料はすべてよく混ぜ合わせ、30分以上休ませる。
2　マッシュポテトを作る。じゃがいもはゆでてフォークでつぶし、牛乳とバターを加えて火にかけ、ぽってりするまで練り上げて火を止め、仕上げに生クリーム、塩、こしょうを加える。
3　生ハムは1枚を4等分に切り、チーズは薄切りにして28枚用意する。
4　フライパンに薄くサラダ油をひいて、1の生地を大さじ1 1/2～2くらいずつ流し、直径7cmほどの円形に広げて、両面を焼く。合計28枚用意し、粗熱を取る。
5　4のクレープに2のマッシュポテトを薄く広げ、生ハムとチーズをのせる。それを半分に折りたたんでピックを刺し、上に粒こしょうを飾る。

サラミのマスタードロールパイ

冷凍のパイシートを使えば一口パイも簡単、20分で焼けます。サラミの塩気に、粒マスタードを組み合わせたところが新鮮。ドリンク片手に、食べはじめたら、もう止まりません。

材料・10個分
冷凍パイシート（18×15cm）　1枚
サラミソーセージ（直径3.5cm×
　　　長さ20cm）　縦¼本
粒マスタード　大さじ1
といた卵黄　適宜
ポピーシード　適宜

1　パイシートは解凍し、のばさずにそのまま長い辺を手前にして置く。
2　パイシートの上面にマスタードをぬり、サラミをのせて手前から巻き、巻終りをしっかりとめる。
3　2を10等分に切り、オーブンペーパーを敷いた天板に巻終りを下にして並べ、上面につや出しの卵黄をぬってポピーシードをふる。
4　3を200℃のオーブンに入れ、15〜20分ほど焼く。

まぐろの韓国風のり巻き

まぐろの味つけは、コチュジャンベースの韓国風味。
ピリッとした辛さの中にも、ほのかな甘みがあります。
組み合わせた野菜は、今人気の新芽野菜、スプラウト。

材料・8個分
まぐろの刺し身（さく）　100g
A
- コチュジャン　大さじ1
- おろしにんにく　小さじ1/2
- 塩　少々
- ごま油　大さじ1

青とうがらし（生）　2本
ブロッコリー、紫キャベツのスプラウト*
　　各適宜
大葉　8枚
焼きのり（10cm角）　8枚

1　まぐろは1cmの角切りにし、Aの材料であえる。
2　青とうがらしはへたと種を取り、小口切りにする。
3　焼きのりの上に大葉を敷き、スプラウトをのせて、その上に1のまぐろを置き、仕上げに青とうがらしを飾って、のりで巻いてそのままいただく。

*スプラウトは貝割れ菜のように新芽を食べる野菜で、ブロッコリー、紫キャベツのほかマスタードなどが出回っています。

チャーシューと野菜の中華クレープ

甘めの中華みそをつけていただく、おなじみの春餅。
パーティ用に、小さな一口サイズで作っています。
かわいくカールした万能ねぎは、中華みそをつけるときに使ってください。

材料・12個分

チャーシュー（市販品）　50g
にんじん　50g
きゅうり　50g
万能ねぎ　適宜
中華クレープ（市販品）　3枚
A ┌ 甜麺醤　大さじ2
　├ 酢　大さじ1/2
　└ ラー油　小さじ1

1　蒸気の上がった蒸し器にクレープをなるべく重ならないように並べ、1分ほど蒸す。
2　チャーシュー、にんじん、きゅうりはそれぞれ5〜6cm長さのせん切りにする。
3　万能ねぎは細めのものを7cmほど用意し、2cm深さくらいのところまで放射状に細かい切込みを入れ、冷水に放してカールさせる。
4　クレープは1枚を帯状の4等分に切り、12枚用意する。
5　2の具を等分して4のクレープで巻き、3の万能ねぎを飾りにさして、そのねぎでAの材料を合わせたものをつけながらいただく。

たこシュウマイ

たこと玉ねぎの甘みが子どもにも人気の、
変りシュウマイ。
上に飾ったたこの吸盤が、とってもキュート！

材料・20個分
シュウマイの皮（市販品）　20枚
ゆでだこの足　100g
玉ねぎ　1/2個
片栗粉　大さじ2
卵白　1個分
塩　小さじ1/2
ゆずの皮　1/2個分
ぽん酢しょうゆ　適宜

1　たこの足の吸盤は、飾り用に切り取っておく。
2　玉ねぎはフードプロセッサーにかけて粗く刻み、取り出して水気を絞り、片栗粉をまぶす。
3　フードプロセッサーにたこ、卵白と塩を入れ、全体の1/3くらいまでペースト状にして、**2**とゆずを加え、さらに10秒ほど攪拌する。
4　**3**を20等分してシュウマイの皮で包み、上にたこの吸盤を飾って、蒸し器に並べて10分ほど蒸す。好みでぽん酢しょうゆをつけていただく。

しいたけ蓮根の焼きギョウザ

ギョウザがうまく包めないときは、
このスタイルがおすすめ。
具を三角錐になるように形作って、
皮をしっかりとめるだけ。

材料・12個分
ギョウザの皮　12枚
生しいたけ　4枚
蓮根　50g
鶏ひき肉　50g
A ┌ しょうゆ　小さじ1/2
　├ 酒　小さじ1/2
　└ しょうが汁　小さじ1/3
サラダ油　適宜

1　しいたけは石づきを取ってみじん切りにし、蓮根は皮をむいてすりおろす。
2　ボウルにひき肉とAの材料を入れて下味をつけ、**1**の野菜を加えてよく混ぜ合わせる。
3　**2**を12等分して、ギョウザの皮で三角錐になるように包む。
4　フライパンにサラダ油を熱して**3**を並べ、深さ1cmくらいまで水を注いでふたをし、蒸焼きにする。仕上げに、火を強めて三角の底にぱりっと焼き色をつける。

カッテージチーズとピクルスのトルティーヤ包み

ラップおつまみは、市販品をどんどん活用しましょう。サラダ感覚でいただける、野菜たっぷりの一品です。

材料・12個分
トルティーヤの皮（市販品）　4枚
カッテージチーズ　100g
赤ピーマン（大）のピクルス（市販品）　100g
紫玉ねぎ　1/4個
イタリアンパセリ　適宜
塩、こしょう　各少々

1　ピクルスは細切りにする。玉ねぎは繊維にそって薄切りにし、水にさらして水気をきる。パセリは食べやすい長さにちぎる。
2　トルティーヤの皮にチーズと1をのせ、塩、こしょうして、両端を重ね合わせるようにして包み、ようじを刺してとめ、長さを3等分に切る。

ねぎ春巻き

手をかけなくても、おいしいものはまだまだあります。オーブントースターで手軽に焼けるので、ぜひお試しを。

材料・8本分
春巻きの皮（市販品）　4枚
長ねぎのみじん切り　大さじ4
ごま油　大さじ1
塩、粗びき黒こしょう　各適宜

1　春巻きの皮は半分に切り、上面にごま油をぬって長ねぎ大さじ1/2を全体に散らし、塩、こしょうして細く巻き上げる。
2　オーブンペーパーを敷いた天板に1の巻終りを下にして並べ、200℃のオーブンで10〜15分焼く。オーブントースターで焼くこともできる。

揚げ春巻き

ヴェトナム料理で人気急上昇の、ちびサイズ春巻き。
具に味がついているので、そのままどうぞ。
好みで、辛みのきいたお酢を少しつけてもおいしいですよ。

材料・12個分

ライスペーパー　3枚
豚ひき肉　100g
A ┌ 春雨　10g
　├ にんにく　½かけ
　├ しょうが　½かけ
　├ 香菜の根　2本
　├ ナムプラー　小さじ1
　└ こしょう　少々
揚げ油　適宜

1　ライスペーパーははさみで十字の4等分にし、1枚ずつぬるま湯にさっとくぐらせて、水気をかたく絞ったふきんの上に重ならないように広げてもどす。

2　春雨は湯につけてもどし、水気をきってざく切りにする。にんにく、しょうが、香菜の根はそれぞれみじん切りにする。

3　ボウルにひき肉とAの材料を入れ、よく混ぜ合わせる。

4　1のライスペーパーは円の周囲を手前にして置き、3の具をのせて手前から折りたたみ、一口大の円柱に形作る。

5　揚げ油を170℃に熱し、4を入れてこんがりと揚げる。

かにとアボカドの湯葉包み

**中の具が何かは、食べてからのお楽しみ。
アボカドの意外な存在感に、みんなびっくり。
ドレッシング感覚の和風だれでいただきます。**

材料・8個分
生湯葉（15×8cm）　8枚
かに（缶詰）　50g
アボカド　1/2個
きゅうり　1/2本
わさびじょうゆだれ
　┌しょうゆ　大さじ1
　│だし汁　大さじ1/2
　│おろしわさび　小さじ1
　└オリーブ油　大さじ1/2

1　かには軟骨を取り除き、ざっとほぐす。アボカドは皮をむき、5mm厚さの色紙切りにする。きゅうりは2cm長さの細切りにする。
2　湯葉を広げて端に**1**の具をのせ、角から対角線上に折りたたんで、食べやすい大きさの三角形に包む。
3　わさびじょうゆだれの材料を合わせ、**2**につけながらいただく。

お気に入りのワインと5分おつまみ

ワインを何本かそろえてみんなで楽しみたいときは、思いきってワインショップの方に相談してしまいます。適切なアドバイスが得られ、ワイン選びも失敗が少ないようです。
最近よく伺うのが、シブヤ西武A館の地下にある「ヴィノスやまざきWINE＋ist」（p.80参照）。
独自の買付けで、個性あるワインがお手ごろ価格なのも、主婦にとってはうれしいことです。

ディエボル・ヴァロア・プレスティージュ
パーティは、やはりシャンパンで始まりたいですね。イチオシがこれ。シャルドネ種だけで造られたエレガントな香りで、うまみとこくがあり、とても力強い味わいです。

テール・ドレ・ボジョレー
20年も前から有機農法を手がけてきたという生産者によって造られた、さわやかタイプの白ワイン。飲みやすく、フルーティな香りは、和食にもぴったり。

クリームチーズのしょうゆ漬け

クリームチーズの新しい食べ方、大発見！おしょうゆに漬けるだけで、珍味になります。

材料・12個分
クリームチーズ　60g
たまりじょうゆ　大さじ2
なす　2個
塩、こしょう　各少々
サラダ油　大さじ2
赤とうがらしの小口切り　適宜
セルフイユ　適宜

1　チーズは1.5cm角くらいの食べやすい大きさに切り、たまりじょうゆをふりかけて3〜4分おき、全体に味をなじませる。
2　なすはへたを落として1cm厚さの輪切りにし、塩、こしょうして、フライパンにサラダ油を熱して両面を色よく焼き、冷ます。
3　**2**のなすの上に**1**のチーズをのせ、赤とうがらしとセルフイユを飾る。

プピーユ

ボルドーはサンテミリオンに隣接する、カスティヨン地区のぶどうで造られた力強い赤ワイン。すてきなのは、なんといってもその香りで、ボルドーの赤のよさを再認識させてくれる一本です。

モワンヌ

南フランスのカンヌ沖に浮かぶ、ランス島の修道院で造られている、すべて手造りの幻ワイン。雑味のない、すっきりとした味わいが特徴で、印象に残る白ワインです。

パパイアの生ハム巻き

生ハムの塩気がフルーツの甘さを際立たせる、イタリアの前菜。フルーツはメロン、いちじく、熟れた柿などでも。

材料・16個分
パパイア　1/2個
生ハム　4〜5枚

1　パパイアは縦半分に切って種を取り、皮をむいて長さを半分にし、縦四つ割りにする。
2　生ハムはパパイアのサイズに合わせて切り、巻きつける。

お気に入りのワインと5分おつまみ

トマトとモッツァレラのピック
こちらもおなじみのイタリアン前菜、華やかな一品です。

材料・8本分
ミニトマト　8個
モッツァレラチーズ　150g
A ┌ オレガノ（乾燥）　小さじ1
　│ 塩、こしょう　各少々
　└ オリーブ油　大さじ2
スイートバジルの葉　8枚

1　トマトはへたを取り、横半分に切る。チーズはトマトのサイズに合わせた1.5cm厚さのものを8個用意する。
2　Aの材料を混ぜ合わせ、1をしばらく漬けてマリネする。
3　トマトを2個一組みにし、間にチーズとバジルをはさんで、ピックで刺す。

テール・ドレ・ボジョレー・ランシェンヌ
クラシックなボトルがかわいい、ボジョレーの赤ワイン。「昔ながらの」という名前がついているように、有機栽培のぶどうを伝統的な方法でワインにしています。軽いというよりも、うまみのある赤といった感じです。

ロロニス・メルロー・リザーブ
ラベルにてんとう虫がついている、アメリカのオーガニック赤ワイン。ぶどうにつく害虫をてんとう虫が食べることから、このかわいいマークがついているとか。深いこくと繊細な香りが特徴で、時間をおくと香りがたってきます。

ブルーチーズのレーズン添え
これは組合せだけのご紹介ですが、みんなのお気に入り。チーズの塩気とレーズンの甘さが、ベストマッチです。

材料
ブルーチーズ（ロックフォール）　適宜
枝つきレーズン　適宜

チーズは食べやすい大きさに切り、レーズンを添えて、一緒にいただく。

オリーブのローズマリー風味
ワインがおいしいときは、おつまみはシンプルでもOK。あり合せのフレッシュハーブで、好みの風味づけを。

材料
オリーブの実（瓶詰）　20個
A ┌ ローズマリー（生）　1枝
　├ オレガノ（乾燥）　小さじ1
　├ 塩、粗びき黒こしょう　各少々
　└ オリーブ油　大さじ2

ローズマリーは刻んでAの材料を合わせ、オリーブの実を漬け込んで5分以上おき、味をなじませる。

ロスピタレ・ミュスカ・ド・リブザルト
デザートにぴったりの、白の甘口ワイン。産地はフランス、ラングドック地方です。トロピカルフルーツのような香りと、ふくよかな甘さが特徴。このワインで、p.78の一口ゼリーを作っています。

カリフラワーのエスニック揚げ
冷めてもおいしい、パーティ向きの野菜おつまみ。スパイシーなので、口直しにもぴったりです。

材料・4人分
カリフラワー　1/2株
塩　小さじ1
A ┌ クミンパウダー、コリアンダーパウダー
　│　　合わせて大さじ2
　├ 薄力粉　大さじ3
　└ こしょう　少々
揚げ油　適宜

1　カリフラワーは小房に分け、塩をまぶして下味をつける。

2　Aの材料を合わせて**1**のカリフラワーにまぶし、180℃の揚げ油でさっと揚げる。

カップやお皿ごと食べられるおつまみも、パーティにおすすめ。
集まる人たちの時間差が少々あっても大丈夫だし、
なんといっても、後かたづけが簡単で、助かります。

PART3

CUP & PLATE

帆立のカナッペ

丸い抜き型があれば、いつもの食パンがプレートに変身。
ライムできゅっとしめた帆立のお刺し身をのせて、
つま野菜でおなじみの紅たでを、ちょこんと飾りにしています。

材料・12個分
食パン（8枚切り）　3枚
帆立貝柱の刺し身　3個
A ┌ ライム、またはレモン汁　大さじ1
　├ ラー油　小さじ1
　└ 塩　小さじ1/2
紅たで　適宜

1　食パンは直径4cmの丸い抜き型で抜き、軽くトーストして粗熱を取る。
2　帆立は7〜8mmの角切りにする。
3　Aの材料を混ぜ合わせ、2の帆立を入れてよくあえる。
4　1のトーストに3の汁気をきってのせ、紅たでを飾る。

タプナードのカナッペ

タプナードはプロヴァンス地方で作られる、オリーブのペースト。
パンにつけるのはもちろん、ゆで卵や野菜に添えたり、
サラダのドレッシングに加えてもおいしいですよ。お試しを。

材料・12個分
田舎パン（5mm厚さ）　2枚
タプナード
　┌ 黒オリーブ（種抜き）　10個
　├ アンチョビー　1枚
　├ ケイパー　5粒
　├ にんにく　1/4かけ
　└ オリーブ油　大さじ1
赤、黄ピーマン　各大1/4個
塩、オリーブ油　各少々

1　パンは5cmくらいの三角形に切って12枚用意し、軽くトーストして粗熱を取る。
2　タプナードの材料はフードプロセッサーにかけ、ペースト状にする。
3　ピーマンはへたと種を取り、3cm長さのせん切りにして塩をふり、オリーブ油であえる。
4　1のトーストに2を小さじ1くらいずつのせ、3のピーマンを彩りよく飾る。

47

豆腐テリーヌのズッキーニのせ

クリーミーな豆腐テリーヌは、女性に人気の前菜料理。
発泡性の白ワインや日本酒によく合います。
プレートのズッキーニは、少ししんなりさせるのがポイント。

材料・5×14×4cmのパウンド型1個分
木綿豆腐　50g
A ┌鶏ささ身　50g
　│卵　1/2個
　│生クリーム　1/4カップ
　│塩　小さじ1/3
　└こしょう　少々
ズッキーニ　1本
塩、こしょう　各少々
木の芽　適宜

1　豆腐はペーパータオルで包み、10分ほど水きりをする。
2　フードプロセッサーに1とAの材料を入れ、なめらかになるまで撹拌する。
3　パウンド型の内側にオーブンペーパーを敷き、2を流し入れて表面を平らにし、蒸し器で15分ほど蒸して、冷ます。
4　ズッキーニは7〜8mm厚さの輪切りにし、塩、こしょうしてしんなりさせ、水気をふき取る。
5　3をズッキーニの直径に合わせて1cm厚さの角切りにし、ズッキーニの上にのせて、木の芽を飾る。

えびマリネのきゅうりのせ

サラダ感覚でいただける、キュートな姿の一口おつまみ。
飾ったレモンは、専用の皮むき器を使ってカールさせています。
ない場合は、小さな三角に切り、ピックで刺して飾っても。

材料・16個分
芝えび　16尾
A ┌ 水　1カップ
　├ 白ワイン　大さじ3
　├ 塩、白こしょう　各少々
　└ タイム、ローリエ　各少々
B ┌ 白ワインビネガー　大さじ1
　├ 塩　小さじ1/3
　├ 白こしょう　少々
　└ サラダ油　大さじ3
きゅうり　1本
レモンの皮　適宜

1　えびは背わたを取る。
2　鍋にAの材料を入れて5分ほど煮立て、1のえびを入れて3分ほどゆで、ざるに上げる。
3　Bの材料を混ぜ合わせ、2が熱いうちに尾の一節を残して殻をむき、Bにつけて10分ほどおく。
4　きゅうりは7〜8mm厚さの輪切りにし、3の汁気をきって、ピックでとめ、レモンの皮のせん切りを飾る。

ビーフシチューのタルト

お出しして意外と好評なのが、わが家のシチュー類。
その温かさに、皆さんほっとするようです。
家庭料理なのでレシピは簡単、タルトケースも市販品です。

材料・4個分
タルトケース（市販品）　4個
さいころステーキ用牛肉　100g
塩、こしょう　各少々
サラダ油　大さじ½
ブランデー　大さじ1
ソース
　┌赤ワイン　大さじ3
　│洋風スープ　大さじ1
　A ドミグラスソース（市販品）
　│　　　½カップ
　└塩、こしょう　各少々
生クリーム　大さじ2
粒黒こしょう　少々

1　ソースを作る。鍋に赤ワインを入れて半分くらいに煮つめ、スープとドミグラスソースを加えてよく溶きのばす。
2　牛肉に塩、こしょうし、フライパンにサラダ油を熱して全体に焼き色をつけ、ブランデーをふりかけてアルコール分をとばす。
3　1に2を加えて温め、塩、こしょうしてソースの味を調える。
4　タルトケースはオーブントースターなどでさっと温め、3を盛りつけて生クリームをかけ、つぶした粒こしょうを散らす。

・タルトケース
お菓子の材料売り場などで、そのますぐに使えるタイプが市販されています。写真は東京・町田市の富沢商店（☎042-722-3175）で購入したものです。

クリームシチューのタルト

シチューというとお肉のイメージがあるので、こちらはお魚。
ポピュラーなかじきで作ってあります。
家族がそろうファミリーパーティなどにおすすめ。

材料・4個分
タルトケース（市販品）　4個
かじき　100g
オレガノ（乾燥）　小さじ1
塩、こしょう　各適宜
サラダ油　小さじ1
白ワイン　大さじ1
ホワイトソース（市販品）　1/2カップ
生クリーム　大さじ2
にんじん　適宜
セルフイユ　適宜

1 かじきは一口大に切ってオレガノをふりかけ、塩、こしょうする。フライパンにサラダ油を熱してかじきに火を通し、白ワインをふりかけてアルコール分をとばす。
2 鍋にホワイトソースを入れて温め、そこに**1**のかじきを加えて、生クリーム、塩とこしょう各少々を加えて味を調える。
3 タルトケースはオーブントースターなどでさっと温め、**2**を盛りつけて、丸くくりぬいて塩ゆでにしたにんじんとセルフイユを飾る。

ツナサラダのトマトカップ

今日のツナサラダは、大人向きに、ちょっと違います。
ふんわり、なめらか、スパイシー。
秘密は、ホイップした生クリームとクミンシード。

材料・12個分
ミニトマト　12個
ツナサラダ
　┌ ツナ（缶詰）　小1/2缶（40g）
　│ 玉ねぎ　1/8個
　│ ケイパー　大さじ1
　│ クミンシード　小さじ1/2
　│ 塩、こしょう　各少々
　└ 生クリーム　大さじ3
ケイパー　適宜

1　トマトはへたの方を1/3くらい切り取り、中をくりぬいてカップを作る。かき出したトマトの中身はこしてジュースにしてとっておく。
2　ツナは缶汁をしっかりきる。玉ねぎはみじん切りにし、塩少々でよくもんで水洗いし、水気を絞る。
3　ボウルに1のジュース小さじ1、ツナ、玉ねぎ、ケイパー、クミンを入れて混ぜ合わせ、塩、こしょうで味を調える。
4　生クリームは八分立てくらいに泡立て、3に加えてよく混ぜ合わせる。
5　1のトマトカップに4を詰め、好みでケイパーを飾る。

かにサラダのシェルカップ

**波の音が聞こえてきそうな、大きな大きなシェルマカロニ。
中にはマヨネーズ味のかにサラダが詰まっています。
ちょっと楽しいカップでしょ、子どもたちのお弁当にもどうぞ。**

材料・20個分
ジャンボシェルマカロニ（3.5cm長さ）
　　20個
オリーブ油　大さじ1/2
かにサラダ
　┌かに（缶詰）　50g
　│セロリ　1/4本
　│レモン汁　小さじ2
　│塩、こしょう　各少々
　└マヨネーズ　大さじ3
バジルの葉　20枚

1　マカロニは塩を多めに入れて表示どおりにゆで、オリーブ油をまぶしておく。
2　かには軟骨を取り除き、セロリは筋を取って7〜8mmの角切りにする。
3　サラダの材料を混ぜ合わせ、**1**のマカロニにバジルの葉とともに詰める。

うに風味のスクランブルサンド

卵とうにって、名コンビなの、ご存じでした？
いり卵はもちろん、厚焼き卵にしても、
そのおいしさにうっとり。

材料・10個分
クリスプブレッド　20枚
うに風味スクランブル
　┌ 生うに　30g
　│ 卵　2個
　│ 牛乳　大さじ3
　│ 塩、こしょう　各少々
　└ タイム（生）　少々
バター　20g
生うに　20g
タイム（生）　適宜

・クリスプブレッド
ここで使用しているのは
オーストラリアからの輸入品で、
一般的なクラッカーよりも薄く、
食感はガレットに似ています。
ヴィノスやまざきWINE＋ist
(☎03-5728-1169)で購入しました。
クリスプブレッドの代りに、
トーストしたパンでもOKです。

1　スクランブル用のうには裏ごしする。
2　ボウルに卵をときほぐし、スクランブルの残りの材料を加えて混ぜ合わせる。
3　フライパンにバターをとかし、2の卵液を流し入れてスクランブルにする。
4　クリスプブレッドを2枚一組みにし、3をのせて、うにとタイムを飾り、サンドにする。

キムチのちぢみ

じゃがいものすりおろしで作る、
軽～いタイプの韓国風お好み焼き。
ボリュームいっぱいだけど、
野菜料理なのでとってもヘルシー。

材料・10枚分
じゃがいも　2個
白菜のキムチ（市販品）　100g
塩　少々
ごま油　大さじ2
ししとう　3本
糸とうがらし　適宜

1　じゃがいもは皮をむいて水にさらし、キムチは1cm長さに切る。ししとうはへたを取って小口切りにする。
2　じゃがいもはすりおろして水気をきり、ボウルに入れて1のキムチと塩を加え、よく混ぜ合わせる。
3　フライパンにごま油を熱して2のたねを大さじ2くらいずつ落として丸く広げ、1のししとうをのせて八分どおり焼き、裏返してさっと焼きつける。
4　皿に盛りつけ、糸とうがらしを飾る。

ギョウザの皮チップス

**焼いたそばから売れていく、
人気のイタリアンチップス。
あつあつの天板に皮をのせて焼くのがポイントです。**

材料・12枚分
ギョウザの皮　12枚
エクストラバージンオリーブ油　適宜
自然塩　適宜
中びき黒こしょう　適宜
ローズマリー（生）　適宜

1　天板をそのままオーブンに入れ、250℃くらいに温めておく。
2　1の熱い天板を取り出し、手早くギョウザの皮を並べて、オリーブ油、塩、こしょうをふりかけ、ローズマリーを飾って、230℃のオーブンで3～4分焼く。

パルメザンのチュイル

**チーズおつまみの大ヒット、簡単で、めちゃおいしい。
パルメザンといっても粉ではなく、
塊を買ってくださいね。**

材料・約10枚分
パルミジャーノ・レッジャーノの塊　50g

1　チーズはすりおろす。
2　フライパンに1を大さじ1くらいずつ入れて適当に広げ、それから火をつけて弱めの中火で焼く。
3　チーズがとけて、薄く焼き色がついてきたら取り出し、とよ型やめん棒の上に置いてカーブをつけ、そのまま冷ます。

明太クリームのセロリボート

ぽんと登場したのが、葉つきセロリのそのままサラダ。
香りを楽しみながらばりばりワイルドに食べても、
一口サイズにしてエレガントにいただいても、ご自由に。

材料・4本分
セロリ（内側の小さめのもの）　4本
明太クリーム
　┌明太子　50g
　│生クリーム　大さじ1
　└おろしにんにく　少々

1　セロリは筋を取る。
2　明太子は身をかき出し、残りの材料と泡立て器で空気を含むように混ぜて、明太クリームを作る。
3　セロリの溝に**2**を詰め、そのままいただく。

さや豆サラダのチコリボート

おつまみは、どうしても揚げ物や肉料理が多くなりがち。
手軽な野菜メニューを覚えておくと重宝します。
手に持って、そのまま口に運べる野菜ボートはイチオシ。

材料・5個分
チコリ　5枚
スナックえんどう　6個
ラディッシュ　2個
A ┌ 白ワインビネガー　小さじ1
　├ 塩、こしょう　各少々
　└ オリーブ油　大さじ1

1　えんどうは筋を取って塩ゆでにし、縦半分に切って二つか三つの斜め切りにする。ラディッシュは薄切りにする。
2　チコリの溝に1の野菜を盛りつけ、Aの材料を混ぜ合わせて上からかける。

イクラとサワークリームのカナッペ

クリームチーズと並んで、おつまみ向きなのがサワークリーム。
ほどよい酸味とこくが、いろいろな飲み物によく合います。
イクラとの組合せは彩りもきれいで、お味もベスト！

材料・12個分
グラハム食パン（サンドイッチ用）　3枚
イクラ　30g
サワークリーム　70g
塩　少々
あさつき　1本

1　パンは1枚を十字の4等分に切る。
2　サワークリームに塩を加え、よく混ぜ合わせる。あさつきは斜めの小口切りにする。
3　パンに2のサワークリーム、イクラを順にのせ、あさつきを飾る。

生ハムムースの食パンカップ

**家にあるいつもの食パンで、きれいな花カップが作れます。
中に詰めるものは、もちろん自由自在。
ポテトサラダでも、おしゃれなムースでも、いいんですよ。**

材料・12個分
食パン（サンドイッチ用）　12枚
ムース
　┌ 生ハム　100g
　│ クリームチーズ　100g
　│ 生クリーム　3/4カップ
　└ こしょう　少々
マーシュ　適宜

1　パンはめん棒などで軽くつぶし、マフィン型の底に合わせて4辺にそれぞれ切込みを入れ、花のように折り重ねて型の中に詰める（写真参照）。それを180℃のオーブンに入れて7〜8分ほど焼き、パンカップを作る。

2　フードプロセッサーにムースの材料を入れ、ペースト状にする。

3　直径1.5cmの星形の口金をつけた絞り出し袋に2を入れ、1のカップに花のように絞り出してマーシュを飾る。

お気に入りの日本酒と5分おつまみ

実はお酒が大好きで、ジャンルを問わずよくいただきます。
中でも焼酎には目がなく、ここでは絞り込むのが難しかった逸品をご紹介しています。
また、清酒については住まいの近くに専門店「さかや・栗原」(p.80参照)があるので、
そちらのお店の方にアドバイスを受けながら、好みのお酒を選んでいます。

生麩の田楽
もちっとした生麩は、日本酒がすすむ一品。
生麩の代りに、こんにゃくでもおいしいですよ。

材料・作りやすい分量
生麩(プレーン、よもぎなど)　2本
田楽みそ
　┌赤みそ　50g
　│砂糖　大さじ3
　│練り白ごま　小さじ1
　└だし汁　大さじ1½
サラダ油　大さじ1
いり白ごま　適宜

1　生麩は2cm幅に切る。
2　小鍋に田楽みその材料を入れてよく混ぜ合わせ、弱火にかけてぽってりするまで練り上げる。
3　フライパンにサラダ油を熱して1の麩を並べ、両面をこんがりと焼く。
4　3をくしに刺し、田楽みそを小さじ½くらいずつのせて、上にごまを散らす。

黒糖焼酎　浜千鳥乃詩　原酒
洋酒のようなフレーバーと、黒糖特有のまろやかさを併せ持つ、奄美大島酒造の焼酎。ブルーのガラス瓶がすてきで、若い女性にも大人気とか。

出羽桜　大吟醸酒
口に含むと麹の香りがする、いわゆる〝うまい酒〟。マイルドな味わいで、左党にとっては塩だけで充分という山形県の逸品です。

塩ざけのあぶり焼き
清酒を引き立てる塩気、中でもこのあぶり焼きはおすすめ。甘塩ではなく、とびっきりの辛めがお気に入りです。

材料・作りやすい分量
辛塩ざけの切り身　1切れ
酒　小さじ1

1　さけに酒をふりかける。
2　1をグリルか焼き網にのせ、うっすらと焼き色がつくらいに4～5分かけてあぶり焼き、粗くほぐす。

大吟醸　東力士　吟
さらっとして飲みやすいのにうまみがある、さすが大吟醸の風格を持つ栃木県の清酒です。日本酒は苦手といっていた人も、この飲み口には参ってしまうようです。

あさりの酒蒸し　ぽん酢だれ
あさりの殻を器にしているので、できれば大きめを選び、季節によっては、冷凍品でもOKです。

材料・12個分
あさり　大12個
酒　小さじ2
ぽん酢だれ
┌ぽん酢（市販品）　大さじ2
├玉ねぎのみじん切り　大さじ2
└青とうがらしのみじん切り　2本分

1　あさりは砂出しをして、よくこすり洗いする。鍋に酒とともに入れてふたをし、強火にかけてあさりの口が開くまで蒸し煮にする。
2　あさりは身のついていない殻を取りはずして、器に並べ、ぽん酢だれの材料を混ぜ合わせて、上からかける。

麦焼酎　15年貯蔵　温故知新
やわらかで、上品な香りがなんともいえない佐賀県の焼酎。舌の上でとろけるような繊細さは、焼酎の逸品と呼ばれるのにふさわしい味わいです。

まぐろのたたき
お刺し身をそのままお出しするより、ほんの一工夫をプラス。にんにくチップスが、いつものまぐろを個性的にします。

材料・4人分
まぐろの刺し身（2cm角×18cm長さのさく）
　　1本
塩　適宜
にんにくチップス（市販品）　12枚
チャイブ、またはあさつき　適宜
かぼす　適宜

1　まぐろは塩を少し強めにふり、温めたフッ素樹脂加工のフライパンに入れて、全体をさっと焼きつける。
2　1のまぐろはすぐ氷水にとって水気をふき取り、1.5cm幅に切って塩少々をふる。
3　切り口を上にして器に盛りつけ、にんにくチップスと2cm長さに切ったチャイブをのせて、くし形に切ったかぼすを添え、いただくときにしぼる。

お気に入りの日本酒と5分おつまみ

たこのてんぷら
たこのてんぷらは、浅めに隠し包丁を入れるのがポイント。火が通りやすく、食べやすい。お試しを。

材料・4人分
ゆでだこの足　150g
衣
┌てんぷら粉　大さじ4
│香菜のみじん切り　大さじ1
└冷水　大さじ3
揚げ油　適宜
香菜　適宜

1　たこは火が通りやすいように浅く切れ目を入れ、一口大に切る。
2　衣の材料はざっくりと混ぜ合わせる。
3　揚げ油を180℃に熱し、1に2の衣をつけてからりと揚げる。器に盛りつけ、香菜を散らす。

菊姫　大吟醸
大人のお酒といった感じで、味わいが上品。飲み口はさらっとしていて芳醇、わが家でも特別なおもてなし用です。ワインでいえば、シャトー物でしょうか。石川県のお酒です。

帆立のうに焼き
瓶詰のうにを、ちょっと洋風味にアレンジ。秘密は、マヨネーズと生クリーム。

材料・8個分
帆立貝柱　4個
塩　少々
┌粒うに（瓶詰）　大さじ1
A│マヨネーズ　大さじ1/2
└生クリーム　大さじ1/2
粒黒こしょう　少々

1　帆立は半分のそぎ切りにし、塩をふる。
2　Aの材料は混ぜ合わせる。
3　1の帆立に2をぬり、オーブントースターでこんがりと焼く。
4　3にくしを刺し、粗く砕いたこしょうを散らす。

おしゃべりに夢中で、ふと気がつくと、おなかがグー。
飲んだ後は、なぜかおなかがすきます。そんなときは、
サイズを小さめに仕上げた、ご飯物やスイーツをどうぞ。

PART 4

AFTER DRINK

ミニハンバーガー

二口サイズの小さな、小さなハンバーガー。
冷凍のパン生地で、ミニミニクッキングが楽しめます。
みんなが、かわいい〜、と言うこと請合い!

材料・9個分
冷凍ミルクパン生地 3個(135g)
とき卵 適宜
白ごま 適宜
ハンバーグ
  ┌ 牛ひき肉 150g
  │ 塩、こしょう 各少々
  └ バーベキューソース 大さじ3
サラダ油 大さじ1/2
ミニトマト 3個
ペコロス(小玉ねぎ) 1個
コルニッション(市販品) 9本
ベビーリーフ、またはレタス 適宜

1　パン生地は解凍し、1個を3等分に切り分けて丸め直す。オーブンペーパーを敷いた天板に並べ、ラップフィルムなどをかけて20℃くらいの室温に60〜70分ほどおいて1.5倍くらいの大きさに発酵させる。

2　1のラップフィルムをはずして生地の上にとき卵をぬり、ごまを散らして、180℃のオーブンで10分ほど焼く。

3　ハンバーグの材料はよく練り合わせ、9等分して2のバンズに合わせて丸く平らに形作り、サラダ油を熱したフライパンで両面を色よく焼く。

4　トマトはへたを取って1個を3枚にスライスし、ペコロスは皮をむいて薄切りにする。コルニッション(ミニきゅうりのピクルス)は縦半分に切る。

5　2のバンズは横半分に切って一組みにし、間に3のハンバーグ、ベビーリーフ、4のペコロスとトマトを順に重ねてはさみ、上にコルニッションを飾ってピックで全体を刺す。

・バーベキューソース
ここではハインツのバーベキューソース「メスキートスモーク」という、燻煙の風味が特徴のタイプを使っています。

・冷凍パン生地
解凍してすぐに使える、発酵済みの冷凍パン生地が売られています。種類は甘いタイプのミルク生地と、フランスパンタイプのバゲット生地。パーティなど準備に時間がかかるときはとても便利。写真は東京・町田市の富沢商店(☎042-722-3175)で購入したものです。

ミニドッグ

こちらもちびサイズのホットドッグ、小さくても一人前です。
いろんなものを少しずつ食べたい、という女性に大評判。
愛らしい姿に、話題の尽きないミニパンシリーズです。

材料・9個分
冷凍バゲットパン生地 3個(150g)
強力粉 適宜
カクテルウィンナソーセージ 9本
サラダ油 小さじ1
マスタード 適宜

1　パン生地は解凍し、1個を3等分に切り分けて細長いドッグパンの形にする。オーブンペーパーを敷いた天板に並べ、ラップフィルムなどをかけて20℃くらいの室温に60〜70分おいて1.5倍くらいの大きさに発酵させる。

2　1のラップフィルムをはずして上に強力粉をふりかけ、180℃のオーブンで10分ほど焼く。

3　ソーセージはサラダ油を熱したフライパンで、こんがりと焼く。

4　パンの中央に深い切込みを入れ、3のソーセージをはさんで、上からマスタードを細く絞り出す。

67

ちびいなり

和のご飯物も、ちょっと小サイズでいきましょう。
中には、じゃこと木の芽を混ぜたすし飯が入っています。
冷めてもおいしいので、忙しいときは作りおきを。

材料・10個分
油揚げ（8cm角）　5枚
煮汁
├ だし汁　¾カップ
├ 砂糖　大さじ2
└ しょうゆ　大さじ1強
米　1カップ
水　1カップ
だし昆布　5cm
すし酢
├ 酢　大さじ2
├ 砂糖　小さじ1
└ 塩　小さじ⅓
ちりめんじゃこ　大さじ1
木の芽　適宜

1　米は洗って分量の水につけ、昆布を入れて少しかために炊く。
2　油揚げは三角に切って口を開き、熱湯を回しかけて油抜きをする。
3　鍋に2の油揚げを入れ、だし汁を注いで3〜4分煮て、次に砂糖を加えて2分ほど煮、仕上げにしょうゆを加えて、煮汁がほとんどなくなるまで煮含める。
4　炊き上がったごはんは昆布を取り出し、すし酢の材料を合わせて回しかけ、切るように混ぜてすし飯を作る。
5　4にじゃこと木の芽を加え、さらにざっと混ぜ合わせる。
6　3の油揚げの汁気を軽く絞り、5を軽くにぎって詰め、切り口を折り重ねて閉じる。

一口にぎり

楽しく飲んだ後の小腹対策は、これで決まり。
ベースを塩味にして、好みのトッピングでいただきます。
なめみそや、つくだ煮なんかもおすすめですよ。

材料・6個分
温かいご飯　250g
塩　適宜
焼きのり、ゆずこしょう　各適宜
実山椒のつくだ煮　適宜
桜の花の塩漬け、大葉　各適宜

1　ご飯は6等分し、手に塩をつけて丸くにぎる。
2　好みで、下に焼きのりをつけて、上にゆずこしょうをのせたもの、上に実山椒のつくだ煮をのせたもの、下に大葉を敷いて、上に塩気を少し抜いた桜の花をのせたものなどを作る。

カリフォルニア巻き

かに、あなご、アボカドと、豪華なメンバーがそろった、
おなじみのアメリカ風すしロール、今や日本でも人気です。
まぶしたごまは、ラップフィルムで包んで落ち着かせるのがこつ。

材料・2本分
温かいご飯　500g
すし酢（市販品）　1/3カップ
かに（缶詰）　50g
焼きあなご（市販品）　50g
アボカド　1/2個
あさつき　6本
いり白ごま　適宜

1　ご飯にすし酢を回しかけて切るようにして混ぜ合わせ、すし飯を作る。
2　かには軟骨を取り除き、あなごは巻きやすいように長めの棒状に切る。アボカドは種を取って皮をむき、あなごと同じように棒状に切る。
3　巻きすの上にラップフィルムを敷いて1のすし飯の半量を広げ、中央に2の具とあさつきの半量を、彩りよく配しながら横一列に並べ、のり巻きの要領で巻く。残りの半量も同様にする。
4　3のラップフィルムをはずし、ごまを広げたバットの中で転がして表面にごまをまぶし、再びラップフィルムを巻いてごまを落ち着かせる。いただくときに、ラップフィルムの上から食べやすい大きさに切り、ラップフィルムをはずして盛りつける。

エスニックえびめんのワンタンカップ

カップごといただける、めん好きにはうれしい一品。
めんはえびのうまみが練り込んである、香港からの輸入物。
甘辛酸のトムヤムペーストが、酔いを一気にさまします。

材料・10個分
ワンタンの皮　10枚
サラダ油　適宜
えびめん　1玉
トムヤムペースト　大さじ1/2
香菜　適宜

1　ワンタンの皮の上面に薄くサラダ油をぬり、プリン型などに形よく詰める。170℃のオーブンに入れ、7〜8分焼いてカップを作る。
2　えびめんは表示に従ってゆで、湯をきってボウルに入れ、トムヤムペーストを加えてむらなくあえる。このとき、めんがくっつくようなら、少しゆで湯を加えるといい。
3　1のカップに2のめんを盛りつけ、香菜のみじん切りを散らして、上に香菜を飾る。

・トムヤムペースト
湯に溶くだけでトムヤムクンがすぐにできる、インスタントのタイ産ペースト。
エスニック調味料を扱う食品売り場などで買うことができます。
写真はアライドコーポレーション（☎045-232-1717）で扱っているもの。

・えびめん
めんにえびのうまみが練り込んである中華乾めん。
香港からの輸入品で、有紀食品（☎0424-42-0801）で扱っています。

からすみ餅

**パスタメニューからブレイクした、高価なからすみ。
おいしいものは、お餅にまぶしても、おいしい！**

材料・9個分
角餅　3個
からすみ　1/2腹

1　からすみはチーズおろしですりおろしておく。
2　餅はさっと水にくぐらせ、ラップフィルムをふんわりとかけて、電子レンジ強（500W）で2分30秒ほど加熱してやわらかくする。
3　2を取り出してすぐに熱湯に入れ、水気をきって3個にちぎる。余分な水気をふき、1のからすみをまぶす。

一口韓国風そうめん

**おなかがもういっぱいといいながら、
ついつい手が出るピリ辛めん。
しゃぶしゃぶにした牛肉をのせると、
さらにゴージャスに。**

材料・12個分
そうめん　2束（100g）
A ┌ コチュジャン　大さじ3
　├ おろしにんにく　小さじ1/2
　├ 砂糖　大さじ1
　├ すり白ごま　小さじ1
　├ ごま油　大さじ1
　└ 酢　大さじ1 1/2
包み菜　4枚
きゅうり　1/2本

1　Aの材料をよく混ぜ合わせておく。
2　包み菜は縦半分に切り、長さを3等分にする。きゅうりは2〜3cm長さの斜めせん切りにする。
3　そうめんは少しかためにゆでて氷水でもみ洗いし、水気をきって1のたれであえる。
4　包み菜を2枚重ねにして、3を一口大にまとめてのせ、その上にきゅうりを飾って、残ったたれを少しかける。

チーズ入りのライスコロッケ

子どもたちが退屈したら、いよいよ人気者登場。
大好きなチーズ入り、
ケチャップライスのコロッケですよ。

材料・12個分
モッツァレッラチーズ（1cm角）　12個
ケチャップライス
　┌温かいご飯　300g
　│玉ねぎのみじん切り　1/6個分
　│トマトケチャップ　大さじ3
　│タバスコ　小さじ1/2〜1
　│パセリのみじん切り　大さじ1
　└塩、こしょう　各少々
小麦粉、とき卵、パン粉　各適宜
揚げ油　適宜

1　耐熱ボウルに玉ねぎとケチャップを入れ、ラップフィルムをかけて電子レンジ強（500W）で50秒加熱する。
2　1にタバスコを加えて一混ぜし、ご飯、パセリ、塩、こしょうを加えてむらなく混ぜ合わせ、ケチャップライスを作る。
3　2を12等分して、中にチーズを入れてさいころのように四角くにぎり、小麦粉、とき卵、パン粉の順にフライ衣をつけて、170℃の揚げ油でこんがりと揚げる。

焼きおにぎり茶漬け

温かなおすましと一緒にいただく、
香ばしい焼きおにぎり。
こちらは、しみじみとおいしさがわかる大人向き。

材料・4人分
温かいご飯　200g
しょうゆ　適宜
すまし汁
　┌だし汁　2カップ
　│塩　小さじ1/3
　└しょうゆ　小さじ2
あられせんべい　適宜
切り三つ葉　4本

1　ご飯は4等分し、手にしょうゆをつけて俵形ににぎり、オーブントースターでこんがりと焼く。
2　鍋にだし汁を温めて塩としょうゆで調味し、すまし汁を作る。
3　器に焼きおにぎりを盛りつけて**2**を注ぎ、あられを散らして、結んだ三つ葉を飾る。

材料・4人分
リコッタチーズ＊　200g
はちみつ　大さじ2
ラム酒　小さじ1
エスプレッソコーヒー　大さじ4
エスプレッソ用の豆をひいた粉　少々
＊リコッタチーズはイタリア原産のフレッシュチーズで、さっぱりとした味わいとほのかな甘みが特徴です。

1　チーズはふんわりと泡立て、はちみつとラム酒を加えてよく混ぜ合わせる。
2　器に1を盛りつけ、エスプレッソをかけて、豆をひいた粉をふる。

リコッタチーズのエスプレッソがけ

お酒を飲んだ後でもデザートは別、というメンバーにおすすめ。
手軽にできて、少量で濃厚な味わいが楽しめます。
上にかけるエスプレッソは、熱くても、冷たくても。

材料・10×15×3cmのバット1枚分
チーズケーキ
- クリームチーズ　150g
- グラニュー糖　大さじ4
- キルシュ（さくらんぼのリキュール）
　　小さじ1
- サワークリーム　大さじ2
- 生クリーム　1/2カップ
- 粉ゼラチン　5g
- 水　大さじ3
- レモン汁　大さじ1

粉糖　適宜
レモンの皮の細切り　適宜
クラッカー　適宜

1 分量の水に粉ゼラチンをふり入れてふやかし、電子レンジ強（500W）で20秒加熱して溶かす。

2 チーズは室温、または電子レンジ強で30秒加熱してやわらかくし、グラニュー糖、キルシュ、サワークリームを加えてよく混ぜ合わせる。

3 2に生クリームを少しずつ加えて静かに混ぜ合わせ、レモン汁も加えて混ぜる。

4 3に1のゼラチン液を加えてよく混ぜ合わせ、水でぬらしたバットに流し入れて表面を平らにし、冷蔵庫に入れて冷やし固める。

5 4を取り出してバットからはずし、直径3cmの丸形で約15個くらい抜き、上に粉糖をふりかけてレモンの皮を飾り、クラッカーにのせる。

レアチーズケーキ

トリプルクリームのおいしさがぎゅっと詰まった、
冷蔵庫で固めて作る、レアタイプのあっさりチーズケーキ。
人数や好みに応じて、切り分けられるのが魅力です。

カスタードタルト

お菓子好きに、根強い人気のカスタードクリーム。
電子レンジで簡単に作ってしまいました。
市販のタルトケースを使えば、ちょっと自慢の一品に。

材料・8個分
カスタードクリーム
　卵黄　1個分
　牛乳　1/2カップ
　薄力粉　小さじ1
　コーンスターチ　小さじ1
　砂糖　大さじ1〜2
　バニラビーンズ　1/3本
　無塩バター　5g
　グランマルニエ
　　（オレンジのリキュール）
　　小さじ1
タルトケース（p.50参照）　8個
オレンジ　1個
ミントの葉　適宜

1　ボウルに薄力粉、コーンスターチと砂糖を入れ、よく混ぜ合わせる。
2　1に牛乳を注いでなめらかに混ぜ合わせ、ときほぐした卵黄、バニラビーンズを加えてさらに混ぜる。
3　2をこしながら耐熱ボウルに移し、ラップフィルムをふんわりとかけて、電子レンジ強（500W）で1分40秒ほど加熱する。
4　3が温かいうちにバターを加えて泡立て器でよく混ぜ合わせ、粗熱が取れたらグランマルニエを加えて香りづけをする。
5　丸い口金をつけた絞り出し袋に4を詰め、タルトケースに絞り出す。オレンジは房から出して食べやすく切り、クリームの上に飾ってミントをのせる。

マロンクリーム

お隣のカスタードクリームが春夏向きなら、こちらは秋冬向き。
缶詰のマロンクリームで、おしゃれデザートが簡単にできます。
クレープやチョコレートに添えても合いますよ。

材料・作りやすい分量
　　（おおよそ20〜30個分）
マロンクリーム
　┌マロンペースト（缶詰）　50g
　│水　小さじ1/2
　│無塩バター　10g
　│ラム酒　小さじ1
　└生クリーム　1/4カップ
マロングラッセ（市販品）　適宜
メレンゲ菓子（市販品）　適宜

1 バターは湯せんにかけるか、または電子レンジでとかしバターにする。
2 ボウルにマロンペーストを入れ、分量の水と**1**のとかしバターを加えてよく混ぜ合わせ、仕上げにラム酒を加えて香りづけをする。
3 生クリームは八分立てくらいに泡立て、**2**に加えてなめらかに混ぜ合わせる。
4 モンブラン用の口金などをつけた絞り出し袋に**3**を詰め、マロングラッセやメレンゲ菓子の上に絞り出して飾る。

一口ゼリー

デザートワインをベースにした、
ちょっと大人のかわいいゼリー。
中に、清涼感いっぱいの気泡を
閉じ込めました。
フルーツは季節のものや
冷凍品、缶詰など、
自由な組合せを。

材料・製氷皿1枚分
白ワインゼリー
　┌白ワイン（甘いタイプ）　1カップ
　│砂糖　大さじ2〜3
　│レモンの薄切り　1枚
　│粉ゼラチン　10g
　└水　大さじ4
ブルーベリー、ラズベリー　各適宜
ミント　適宜

1　分量の水に粉ゼラチンをふり入れ、ふやかしておく。
2　鍋に白ワイン、砂糖とレモンの薄切りを入れて弱めの中火にかけ、沸騰直前まで温めて火を止め、1のゼラチンを加えて溶かす。
3　2のゼラチン液をこしてボウルに移し、氷水にあててかき混ぜながら強めにとろみをつけ、さらに空気を含ませるようにしながら混ぜると、ゼリーに気泡が入る。
4　製氷皿をさっと水でぬらしてフルーツやミントを入れ、3を流し入れて冷蔵庫で冷やし固める。

アイスキャンディ

締めくくりに
口の中をさっぱりさせたい、
そんなとき、レモン味や
中国茶味のアイスはいかが？
子ども気分で、
棒つきがなかなかの人気です。

材料・作りやすい分量
レモン味

- レモン汁　1/2カップ
- 湯　1カップ
- 砂糖　大さじ2
- ミント、レモンの果肉　各適宜

中国茶味

- 好みの中国茶の葉　5g
- 熱湯　1 1/2カップ

1 湯に砂糖を加えて溶かし、粗熱が取れたらレモン汁を加えて混ぜる。
2 中国茶の葉に分量の熱湯を注いで蒸らし、濃いめの中国茶を作ってそのまま冷ます。
3 好みの型の半分に**1**を注いでミントとレモンの果肉を加え、残りの型に**2**の中国茶を注いで、スティックや割り箸をさし、冷凍庫で冷やし固める。

・ペットボトル用のアイスメーカー
口の小さなペットボトル用に作られた、製氷容器。
輸入雑貨などを扱うお店で買うことができます。

藤井 恵（ふじい・めぐみ）
神奈川県生れ。
女子栄養大学卒業後、テレビの料理番組や、
広告のフードコーディネーターのアシスタントを経て、
料理研究家に。
和食からイタリアン、エスニックと幅広くこなし、
東京郊外の町田市で暮らす、
おしゃれなライフスタイルにも人気が集まっている。
本書では、お酒が大好きという著者ならではの、
手軽でおいしいおつまみを数多く紹介。
現在、広告をはじめ、雑誌、テレビなどでも活躍している。
夫、2女の4人暮らし。

撮影協力
ヴィノスやまざきWINE＋ist　〒150-0042　東京都渋谷区宇田川町21-1　シブヤ西武A館地下2階セタンジュ　TEL03-5728-1169　http://www.v-yamazaki.co.jp/
酒類専門店　さかや・栗原　〒194-0045　東京都町田市南成瀬1-4-6　TEL042-727-2655

スタッフ
アートディレクション、デザイン　茂木隆行
撮影　野口健志
スタイリング　池水陽子
企画、編集　杉本正子

つまめるTSUMAMI
2002年7月14日　第1刷発行

著 者　藤井 恵
発行者　大沼 淳
発行所　文化出版局
　　　　〒151-8524　東京都渋谷区代々木3-22-1
　　　　電話 03-3299-2565（編集）　03-3299-2542（営業）
印刷所　株式会社文化カラー印刷
製本所　大口製本印刷株式会社

ⒸMegumi Fujii 2002　photographs ⒸTakeshi Noguchi 2002　Printed in Japan

Ⓡ本書の全部または一部を無断で複写（コピー）することは、著作権法上での例外を除き、禁じられています。
本書からの複写を希望される場合は、日本複写権センター（☎03-3401-2382）にご連絡ください。

お近くに書店がない場合、読者専用注文センター（☎0120-463-464）へ。
ホームページ http://books.bunka.ac.jp/

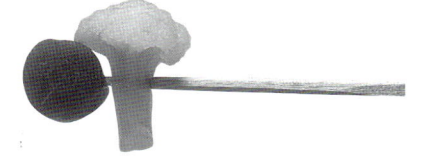

MORNING COCKTAIL
栄養ジュースとフルーツドリンク

はじめに

　野菜やフルーツのたっぷり入った絞りたてのジュースは、1日の活動をスタートさせる優しい目覚ましです。ビタミンの不足しがちな食生活を、毎朝1杯のジュースで改善してみませんか？
　みなさんの笑顔のもとになればと、100品のおいしいジュースレシピを紹介いたしました。あくまでも、これらは基本形です。みなさんのアレンジでお好みの味に仕上げてみてください。
　おいしいジュースをつくる秘訣はただひとつ「新鮮な野菜とフルーツを使用して、心を込めてベストの状態で提供すること！」です。ぜひ本書をキッチンに常備してご活用ください。
　なお、参考までにそれぞれのジュースにカロリー表示をつけましたが、毎日明るく前向きに、規則正しい食生活と、良質の睡眠を心がけていただけば、細かいことはあまり気にする必要はないように思います。大切なのは、ジュースの色や香りを楽しんで、1日を気持ちよく始めることではないでしょうか。
　本書の出版にあたりまして、フルーツのアドバイス、監修をしていただきました、新宿高野社長室の天野秀二室長に心からお礼申し上げます。また、朝の自然光の下、さまざまなジュースの表情を撮ってくださった天方晴子さん、ありがとうございました。

2001年7月

長井　香奈枝

MORNING COCKTAIL
栄養ジュースとフルーツドリンク

目　次

はじめに

[ジュースの基本]
ジューサーで絞る──ジューサーの使い方　6
ミキサーで撹拌する──ミキサーの使い方　7
朝のジュースは、すこやかな生活への第一歩　8
ジュースは材料選びから　11
野菜とフルーツ、味の組み立て　13
甘味料について　14
スムージーって何？　14
野菜とフルーツの重量目安表　15
野菜とフルーツの旬　16

Vegetables

ピリっとリンゴ　17
ミブリー　18
フレッシュ・キャベツ　19
キャロット・ドリンク　19
まるまるトマト　20
ビタミン＋Fe　21
フォー・ウェイク・アップ　21
リーフ＆ヨーグルト　22
グリーン・シャワー　22
メロン・サラダ　23
2杯目の青汁　24
パンプルマーシュ　24

オレンジ・ショック　25
グリーン・ベース　25

フルーツのお話❶　バナナ　26
フルーツのお話❷　リンゴ　27

イート・キャロット　28・30
野菜ミックス　28・30
オレンジ・ウインドウ　29・30
マルチ・ビタミン・カルシウム　29・30
ガスパチョ・ドリンク　32
パラダイス・グリーン　32
フルーティ・トマト　33
シャポ・ブラン　34
シュー・シノワ　34
青汁スイート　35

Fruits

メランジュ　36
ゴールデン・カップル　37
メロリー　37
グリーン・スカイ　38・39
ダブル・ピンク　38・39
サン・フラッシュ　39
サマータイム　40

フルーツのお話❸　ブドウ　41

やさしいバナナ　42
ブラック・シュガー・ドリンク　42
アンジェロ　43
豆乳サワー　43
ピュア　44
ローズ　45
南国風味　45
アーリー・サマー　46
シトラス&ペアー　47
抹茶ミルキー　47

ピュア・スター　48
ランブー　49
クリーミー・グリーン　50
ミルク・バナナ　50
シトラス・ミックス　51
レッド・ベース・デコポン　51
ドゥスール　52
サマー・ホワイト　53
スパイシー・バナナ　53
パイメロップル　54
サンライト　54
アップル＋ジンジャー　55
パンプルムロン　56
安心ヨーグルト　56
モーニング・ベリー　58
和風ミルキー　59

フルーツのお話❹　梨　60
フルーツのお話❺　メロン　61

アボカド＆ハニー　62
ポワール・ジャポネーズ　62
トロピコ・ピーチ　63
スパイシー・アップル　65
ボワッソン・ルージュ　65
マンゴー・アイランド　66
パッシオン　67
エタニティー　67
オータム　68
ドライ＆フレッシュ　69

Smoothies

ティティ　70
タイム・オフ　71
ティップトップ　71
チャイニーズ・スムージー　72
つぶつぶヨーグルト　72
ラヴリー＆ダーリン　74

フェイサワー　75
ポワリエ　75

フルーツのお話❻　ベリー　76
フルーツのお話❼　シトラス　77

スクレ　78

Dessert drinks

パパイヤ・ココ　81
ブラックカラント・ティー　82
ベリー・ソーダ　82
ポミエ　83
羅漢コーヒー　84
キンカン・スパーク　85
カキ・ジンジャー　85
テ・ヴェール・ア・ラ・マント　86
バナナ・デザート　87
そよ風ミルク　87
スイート・セサミ　88
きなっち　88
焼き芋ドリンク　89
ペッパー＆バナナ　89
ミルク・ゼリー　90
スイート・ハート　90
小豆みるく　91
ジンジャー・ティー　92
ミカン・タイム　92
すだっち　93
マロン・オ・レ　94
カフェ・オ・レ・バナーヌ　95
秋ショコラ　95
カクテル・ティー　96

フルーツのお話❽　トロピカルフルーツ　97
フルーツのお話❾　モモ　98

さくいん　99

※フルーツのお話❶～❾は、天野秀二氏執筆による。

ジューサーで絞る

ジューサーは、水分のある野菜やフルーツの果汁などを絞るための器具です。注意点をまとめてみました。

❶フルーツと野菜は冷やしておき、ジューサーの投入口に入るくらいの大きさにカットします。
❷粘りけのあるバナナやマンゴーなどのフルーツは、ジューサーには向きませんので、ミキサーを使用してください。
❸葉野菜はくるくると包むように丸めてジューサーに入れます。
❹葉野菜とフルーツの両方を使うジュースをつくる場合、交互に入れて絞りましょう。
❺材料はすべて冷やしておきましょう。

[ジューサーのつかい方]

1 フルーツは皮をむき、芯を取り除いてカットする。中には皮や芯、種をつけたまま使うジュースもある。葉野菜は、投入口に合わせて幅をそろえてカットする。

2 投入口にフルーツを入れて、バーで押して果汁を絞る。

3 葉野菜は絞りやすいように、くるくると丸める。

4 フルーツと同じように、バーで押して水分を絞る。

5 絞った果汁と野菜の水分は下の容器に落ちる。

[スクイーザー]

オレンジやレモンなどの柑橘類の果汁は、スクイーザーで絞ることができます。
❶横半分に切って、中心をスクイーザーの中央の突起部分に押し込む。
❷フルーツをしっかりと持って回し、果汁を絞る。

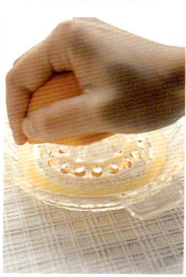

1　　　2

[ハンドジューサー]

手動式のジューサーです。押しつぶして果汁を絞るものです。果汁の多いフルーツに向きます。
❶適当な大きさに切ったフルーツをジューサーの中に入れる。
❷把手を握るようにしてフルーツを押しつぶして果汁を絞る。

1　　　2

ミキサーで撹拌する

ミキサーは、野菜やフルーツなどを細かく砕き、撹拌するための器具です。以下に注意点をまとめてみました。

❶果汁や牛乳、ヨーグルトなどとともに野菜やフルーツをミキサーにかけましょう。水分がないとミキサーが回りません。
❷フルーツと野菜は、適当な大きさに切ります。
❸撹拌する時間によって、あらさが変わります。そのジュースに適したあらさを好みで調節しましょう。
❹バナナやマンゴーなどのように粘りけのあるものは、ミキサーが適しています。
❺材料はすべて冷やしておきましょう。

[ミキサーのつかい方]

1 フルーツは皮をむき、芯などを除いてひと口大くらいにカットする。皮や芯をつけたまま使用するものもある。

2 まず、液体を入れる。

3 カットした野菜、フルーツを入れ、蓋をして、スイッチを入れる。状態を見ながら、オンとオフを繰り返す。

4 ジュースのでき上がり。

[ハンドミキサー]

バータイプのミキサーです。バーの先にカットして撹拌するための刃がついています。
❶適当な大きさに切ったフルーツと野菜を用意する。
❷深くて丈夫な容器に液体を入れる。浅いとこぼれてしまう。容量の目盛りがついているメジャーカップのような容器だと直接はかれるので便利。
❸カットしたフルーツや野菜を入れる。
❹材料を軽く押すようにし、底のほうに深く入れて回転させる。
❺好みのあらさに撹拌する。ほんの十数秒でジュースができ上がる。

1 2 3
4 5

[おろし器]

野菜やフルーツなどをおろし器で直接おろして使うこともできます。おろした野菜やフルーツを、果汁や液体などに加えてかき混ぜてもジュースができます。

朝の
ジュースは

健康に毎日をすごすためには、規則正しいバランスのよい食生活が大切ですが、日々の雑事で忙しく、つい偏りがちな食事を摂ることが多くなってしまいます。とくに近年増加の傾向にある、生活習慣病を防ぐためには、ビタミンやミネラル、食物繊維などを摂取する必要があるといわれています。

そこで、数多くの野菜とフルーツを一度に摂れる毎朝１杯のジュースの提案です。昔から朝のフルーツは金、昼のフルーツは銀、夜

すこやかな生活への第一歩

のフルーツは銅といわれるように、これから活動を開始する朝の身体には、目覚めの１杯が非常に大事です。

さて、ジュースに含まれる栄養素の代表選手は、ビタミンＣです。ビタミンＣは、コラーゲンを形成するために重要なビタミンのひとつで、他栄養素の体内利用調節という役割も担っています。

その他のビタミンでは、大豆や大豆製品、小麦胚芽に含まれるビタミンＢ１があげられます。本書では、Ｂ１を補給するために、豆乳やキナコなどを利用したジュースもいくつか紹介しました。Ｂ１は食欲不振や疲労感を回復させてくれます。

ビタミンＢ２は、皮膚や粘膜の発育に必要な栄養素で、牛乳や卵などに多く含まれています。

また、ニンジンやピーマンなどの緑黄色野菜に含まれるカロチンは、ビタミンＡとなり、同じく皮膚や粘膜の機能を正常に保つ役目を担います。

ビタミンだけでなく、カルシウムも摂ることができます。カルシウムは牛乳、ヨーグルト、そして小松菜や豆腐、キナコ、卵黄、ナッツ類にも含まれていて、ほとんどが骨格形成に利用され、日本人に不足しがちなカルシウムを補うことができるのです。

野菜やフルーツの食物繊維は、腸の働きを円滑にし、不要な老廃物を除去してくれる重要な役割を果たしていますので、ミキサーを利用して丸ごと摂取するように心がけることも大切です。

最後に、ジュースに加える糖分ですが、フルーツやハチミツに含まれる果糖は、脂肪に変わりやすく、脂肪に合成されると皮下脂肪として体内貯蔵されるので、１日のフルーツの摂取量は、片手ののひらにおさまる程度が理想的です。

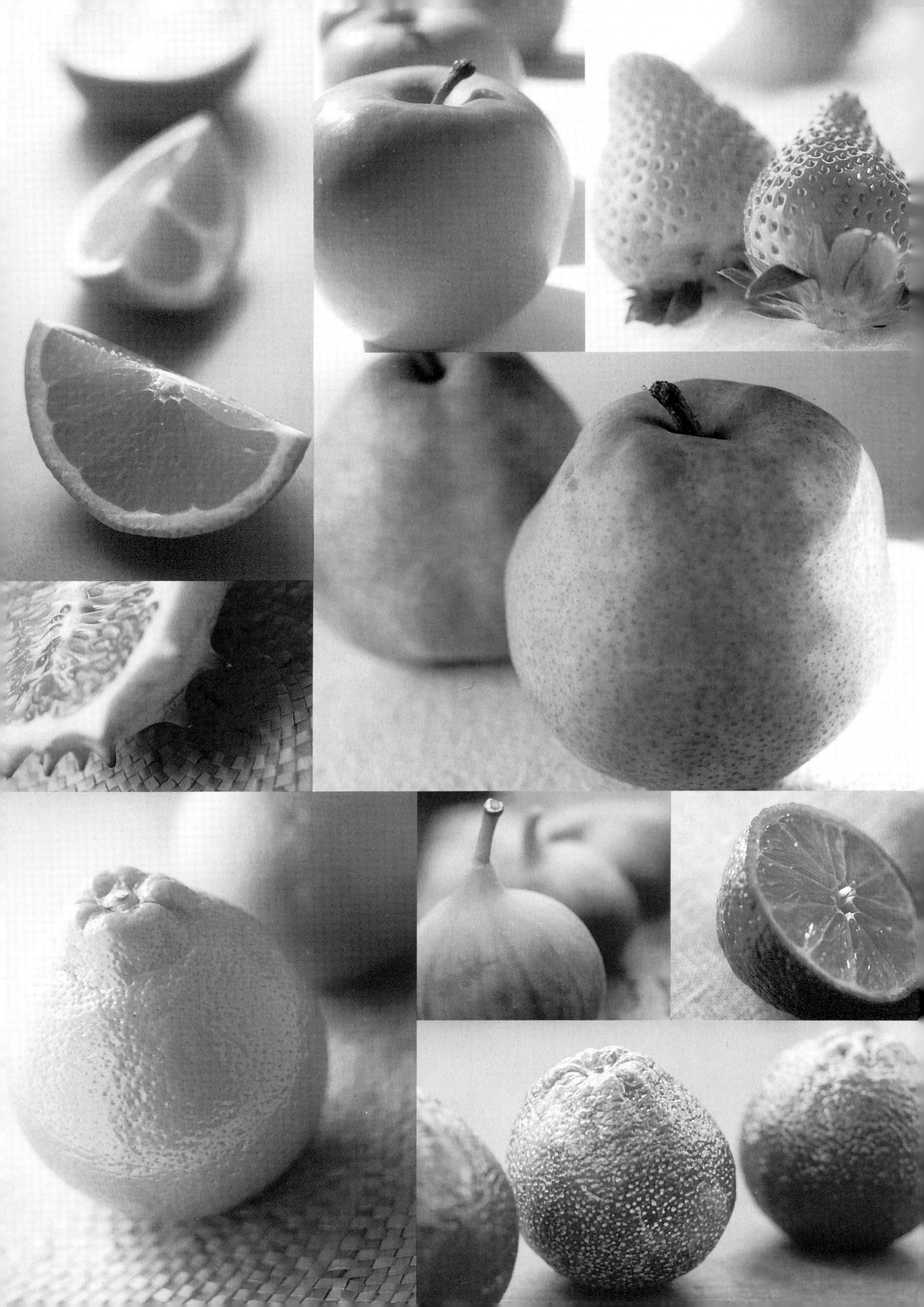

ジュースは材料選びから

　ジュースをつくるにあたって、一番大切なのは、みずみずしい材料を使うということです。長期間おいたものは、水分が蒸発し、味や香りが飛んでしまいますし、美しい本来の色も出ないからです。出盛りの旬のものを使うこともおいしくつくるポイントです。

　また同じフルーツでも、種類や産地などによって特徴が異なりますから、それぞれの味の特徴を知ることも大切です。たとえば、オレンジはいくつかの種類が市場に出回っています。カリフォルニア産は酸味があり、フロリダ産は甘みが強いといわれています。このように特徴を知って、使い分ける楽しみもあります。

　マンゴーなどは、フィリピン産とメキシコ産では、味、色、形どれをとっても違います。フィリピン産は黄色っぽい偏平な形ですが、メキシコ産は丸くて赤っぽい色で、メキシコ産の果肉ほうが甘みが強く、濃厚な風味と深いオレンジ色をしています。

　熟し具合についてですが、生食としてカットして食べるのにちょうどよい状態よりもさらに熟したものをおすすめします。ただし、リンゴや柑橘類にかんしては、熟しすぎると、変色の原因になったり、水分が少なくなったりするので、注意してください。

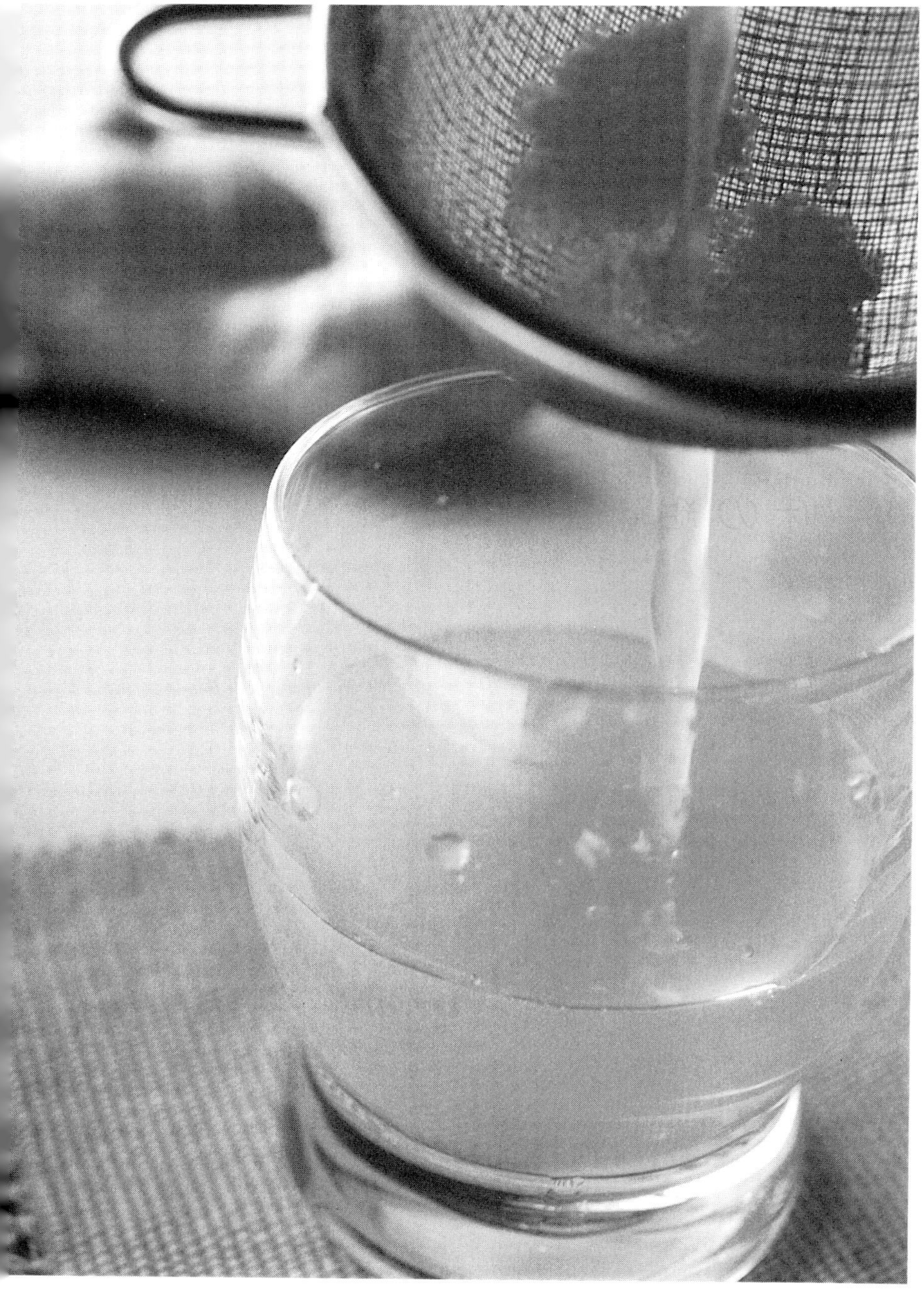

野菜とフルーツ、味の組み立て

ジュースをつくるとき、まず味のベースになる野菜またはフルーツを決めましょう。そしてベースに合わせて2～3種類を決めると、バランスのよいジュースをつくることができます。

はじめてジュースをつくる場合は、リンゴや柑橘類をベースに考えてみてください。とくにリンゴは、甘みとほどよい酸味をもち、たいがいのものと相性がいいので、「万能ベース」として便利です。本書のなかでも、「マルチ・ビタミン・カルシウム」（29頁）や、青汁を使った「2杯目の青汁」（24頁）など、飲みにくい材料を飲みやすくしているのもリンゴの力です。

ヨーグルトや牛乳、甘味料などもフルーツや野菜をマイルドにつつみ、ジュースのおいしさを引き出すエッセンスになります。もちろん材料を冷たくしておくことも、おいしくつくるポイントになります。

味の相性としては、赤・黄・オレンジ系（リンゴ・イチゴ類、ニンジン、トマト、スイカ）同士や、緑・白系（葉物・グレープフルーツ・セロリ・キャベツ）同士など、同系の色同士を合わせるのも、成功の秘訣です。

甘いだけでは、美味しくありません。いまひとつ味にインパクトが欠ける場合には、レモン果汁を少し加えてみてください。味がひきしまり、一層さわやかさが増すはずです。

甘味料について

　甘味料は、ジュースの甘みを補うために使います。フルーツの甘みだけでも充分おいしくいただけますが、少量の甘味料を加えると、より美味しくなる場合もあります。
　本書で使用しているおもな甘味料は、砂糖（上白糖、黒砂糖、粉糖）、ガムシロップ、ハチミツ、オリゴ糖、フルーツ風味のシロップなどですが、高カロリーになりがちです。ですから、カロリーを気にしている方は、1人分のジュース（200〜250cc）に対して、最大10〜15g程度を限度として加えるようにしてください。
　なお、季節や状態によって、同じフルーツでも甘みに違いが生じます。レシピの分量を目安にして調節してください。

スムージーって何？

　スムージーは、種皮を除いて一口大にカットし、冷凍させたフルーツを、果汁または乳飲料などとともにミキサーで撹拌したものです。液体の分量に対する冷凍フルーツの量は最大でも同割までで、それ以上フルーツの量が多いと、ミキサーで撹拌しにくくなるので注意しましょう。また、半解凍の状態ではゆるくなってしまって上手にできません。あくまでもカチカチに凍らせたものを使いましょう。
　さて、材料のフルーツですが、何でもスムージーに使うことができますが、冷凍して冷たくなると、甘みを感じにくくなるので、よく熟して甘みが強く、果汁の多いものを使いましょう。また洋梨やリンゴ、フェイジョアなどのように変色しやすいものは、カットしたあとでレモン果汁を表面にふっておくといいでしょう。
　すすめるときは、太いストローかスプーンを添えると食べやすいですね。

野菜とフルーツの重量目安表

　野菜とフルーツの重量は、季節、種類、鮮度によってかなり違いがあります。オレンジを例にとると、皮を除いて120ｇ程度の小ぶりなものから、300ｇを超える大きなものまでさまざまです。下の表は、あくまでも目安ですので、ジュースをつくるときは、必ず重さを計量してからつくってください。

　＊☆印の品目は、食品標準成分表の主要食品重量目安表を参考にしています。

野菜（種皮を除いた重量）

	アロエ	1枚	80ｇ
☆	カブ(小)	1個	25ｇ
☆	キャベツ	1枚	40〜60ｇ
☆	キュウリ	1本	150〜200ｇ
	クレソン	1束	60ｇ
☆	小松菜	1株	30〜50ｇ
☆	サツマイモ	1個	300ｇ
	セロリ	1本	40ｇ
☆	トマト	1個	100〜150ｇ
☆	ニンジン	1本	200〜250ｇ
	白菜	1枚	60ｇ
☆	ピーマン	1個	25〜30ｇ
☆	ホウレン草	1束	450ｇ
	モロヘイヤ	1束	60ｇ
☆	レタス	1株	80〜100ｇ

フルーツ（種皮を除いた重量）

	アボカド	1個	130ｇ
	アンズ	1個	50ｇ
☆	イチゴ	1粒	15ｇ
	イチジク	1個	80ｇ
☆	オレンジ	1個	250ｇ
	キウイ	1個	100ｇ
	グレープフルーツ	1個	350ｇ
☆	小玉スイカ	1個	1.4kg
	デコポン	1個	220ｇ
	梨(和)	1個	260ｇ
☆	バナナ	1本	120ｇ
☆	パパイヤ	1個	400ｇ
☆	パイナップル	1個	2kg
☆	マスクメロン	1個	500〜600ｇ
☆	ミカン	1個	100ｇ
☆	モモ	1個	150ｇ
	ユズ	1個	70ｇ
☆	リンゴ	1個	200ｇ
☆	レモン	1個	60〜70ｇ

野菜とフルーツの旬

■■■ は旬、------ は出回り次期

品目	春			夏			秋			冬		
	3	4	5	6	7	8	9	10	11	12	1	2
アボカド（カリフォルニア産）	■	■	■	■	■	■	■	■	■			
（メキシコ産）	■	■								■	■	■
アンズ				■	■	■						
イチゴ　（とちおとめ）	■	■	■						■	■	■	■
（とよのか）	■	■	■	■					■	■	■	■
イチジク				■	■	■						
大葉（青ジソ）	-	-	-	■	■	■	-	-	-	-	-	-
オレンジ　（ネーブル）	■	■	■	■								
（バレンシア）			■	■	■	■	■	■	■			
柿							■	■	■			
キウイ	■	■	■	■	■	■	■	■	■	■	■	■
キュウリ	-	-	-	■	■	■	-	-	-			
キワノ	■	■	■						■	■	■	■
キンカン										■	■	■
クレソン				■	■	■						
小松菜										■	■	■
サツマイモ	■	■	■							■	■	■
ショウガ	-	-	-	■	■	■	-	-	-			
スイカ				■	■	■						
スターフルーツ（国産）				■	■	■	■	■				
（メキシコ産）										■	■	■
セロリ				■	■	■						
大根	■	■	■	■	■	■	■	■	■	■	■	■
トマト	-	-	-	■	■	■	■	-	-			
梨(和)				■	■	■	■	■				
白菜										■	■	■
パイナップル	■	■	■	■	■	■	■					
パセリ										■	■	■
パッションフルーツ（伊豆・鹿児島産）			■	■	■	■						
バナナ	■	■	■	■	■	■	■	■	■	■	■	■
パパイヤ	■	■	■	■	■							
フェイジョア	■	■	■	■								
ブドウ							■	■	■			
マンゴー（メキシコ産）			■	■	■	■	■					
（フィリピン産）	■	■	■	■	■	■	■	■	■			
メロン	■	■	■	■						■	■	■
モモ		■	■	■	■							
ユズ										■	■	■
ライチ（台湾産冷凍品）	■	■	■	■	■	■	■	■	■	■	■	■
（フレッシュ）					■	■						
リンゴ							■	■	■	■	■	■
（ふじ）	■	■	■	■					■	■	■	■
（ジョナゴールド）	■	■	■						■	■	■	■
（つがる）				■	■	■	■	■				
（ハウス）												
レモン	-	-	■	■	■	■	■	■	■	■	■	■

vegetables

ピリッとリンゴ

146kcal

クレソンのピリッとした辛さが刺激的

リンゴ　250g
クレソン　30g
レモン　30g

リンゴ、クレソン、レモンをジューサーで絞る。

ミブリー
Mibuly 187kcal

柔らかな酸味とさわやかな緑野菜が、
眠い身体を優しく目覚めさせる

リンゴ　280g
ルビーグレープフルーツ　100g
みぶ菜　40g

リンゴとグレープフルーツをジューサーで絞ったのち、みぶ菜とともにミキサーで撹拌する。

フレッシュ・キャベツ

Fresh cabbage　190kcal

きゃべつの優しい緑色とりんごの酸味がうれしい

リンゴ　　250 g
キャベツ　120 g（3枚）
セロリ　　50 g
ハチミツ　10 g

リンゴ、キャベツ、セロリをジューサーで絞ったのち、ハチミツを混ぜる。

キャロット・ドリンク

Carrot drink　217kcal

朝の光の下で、オレンジ色がまぶしく輝く

ニンジン　250 g
リンゴ　　250 g

ニンジン、リンゴをジューサーで絞る。

まるまるトマト　58kcal

完熟トマト100％の健康応援ジュース

トマト　220g
レモン　30g
塩　少量

トマト、レモンをジューサーで絞る。好みで塩少量を加える。

ビタミン＋Fe
Vitamin＋Fe 92kcal

ビタミンと鉄分をたっぷり補給。
ひと味違うグレープフルーツジュース

グレープフルーツ　160g
小松菜　65g
オリゴ糖　10g

グレープフルーツをジューサーで絞ったのち、小松菜、オリゴ糖とともにミキサーで撹拌する。

フォー・ウェイク・アップ
For wake up 54kcal

深い緑が体にしみわたる、目覚めの一杯

リンゴ　60g
パセリ　15g
モロヘイヤ　15g
ホウレン草　50g

リンゴと葉野菜を交互にジューサーで絞る。

リーフ&ヨーグルト
Leaf & yoghourt 205kcal

ヨーグルトとハチミツで
マイルドに仕上げた栄養たっぷりの1杯

リンゴ　90g
ホウレン草　80g
モロヘイヤ　20g
ヨーグルト　120g
ハチミツ　20g

リンゴをジューサーで絞ったのち、葉野菜、ヨーグルト、ハチミツとともにミキサーで撹拌する。

グリーン・シャワー
Green shower 111kcal

浮き上がる大葉の香りが、
シャワーのようにふりそそぐ爽快感

アンデスメロン　230g
セロリ　90g
大葉　1.5枚
レモン果汁　少量

メロン、セロリをジューサーで絞ったのち、大葉とともにミキサーで撹拌し、レモン果汁少量を加える。

メロン・サラダ
Melon salad 68kcal

レタスがこんなにたっぷり摂れる、頼もしいメロン力

アンデスメロン 77 g
レタス 180 g
ハチミツ 5 g

メロン、レタスをジューサーで絞ったのち、
ミキサーかスプーンでハチミツを混ぜる。

2杯目の青汁
Nihaimeno-aojiru 98kcal

青汁の苦みが嘘のようにごくごく飲める。
材料をつめたく冷やしてつくりましょう

リンゴ　100g
青汁　90cc
ハチミツ　10g

リンゴをジューサーで絞ったのち、青汁、ハチミツとともにミキサーで撹拌する。

パンプルマーシュ
Pumple-mâche 135kcal

くせのないマーシュを使ったさわやかな味。
ビタミンと繊維をたっぷりどうぞ

グレープフルーツ　320g
マーシュ　10g
オリゴ糖　5g

グレープフルーツをジューサーで絞ったのち、マーシュ、オリゴ糖とともにミキサーで撹拌する。

オレンジ・ショック
Orange shock 112kca

オレンジがとりもつ、
ビタミンとカロチンのおいしい出会い

オレンジ　120g
ニンジン　60g
パパイヤ　105g

オレンジ、ニンジンをジューサーで絞ったのち、
パパイヤとともにミキサーで撹拌する。

グリーン・ベース
Green base 178kcal

柑橘の酸味を
メロンの甘さが和らげてくれる、
意外な組み合わせ

グレープフルーツ　320g
セロリ　80g
メロンシロップ　15g

グレープフルーツ、セロリをジューサーで絞り、
メロンシロップを入れたグラスに注ぐ。

フルーツのお話❶

バナナ

Banana　バショウ科

　現在流通している栽培バナナの主流は、東南アジアのマレー半島原産とされています。その原種には、ゴマの粒大からアズキ大ほどの種がありました。野生バナナの中から単為結果（花粉の交配がなくても子房が発達して種なしの果実となる）によって結実する品種群が生じ、現在のような種なしバナナに発展していったのです。

　さて、栽培バナナには、生食用と料理用の2種があり、生食用の学名は、旧約聖書創世記に因んで、ムサ・サピエンタム（知識の果実＝禁断の果実）といい、料理用の学名は、同じくムサ・パラディサカ（楽園の果実）、一般にはプラティンともいいます。

夜店の花形
今でこそバナナは手頃な価格で求めることができますが、その昔、バナナは高級品でした。そのバナナ商いで人気のあったのは、何といっても露店でのバナナの叩き売りでしょう。口上は悪口雑言、流暢な道行文調のせり売り、三文芝居より面白く、祭りの夜店の花形でもありました。そのさわりをひとつ紹介してみましょうか。

　　「このバナちゃん、生まれは台湾台中の阿里山麓の片田舎、金波銀波の波を越え、海原遠き船の旅、ようやく着いたのが門司港、エンヤラドッコイ掛け声で、問屋のムロに入れられて、黄色いお色気づいた頃、サアサア買うた、サア買うた──（このあと値をセリ下ろしていく）」

　昭和38年（1963年）の輸入自由化以後、フィリピン、エクアドル、台湾など各国から大量に輸入され、今では内外果物の中でも安値一番に落ち込んでしまいました。自由化前は高嶺の花だったバナナが、一転して安値になったことに例えて、このような現象を市場ではバナナ化現象とよんでいます。

バナナの実力
さて、時代は移りベルリンの壁が崩壊した1989年11月、西独になだれ込んだ東独の人々は、真先にバナナにむしゃぶりついたそうです。40数年間もバナナなしの禁断症状に苦しんだ彼らには、ムサ・サピエンタムを食べることは夢だったのでしょう。人はやはり、アダムとイヴなのでしょうか？

　またバナナを食べて30年間も生き抜いた日本兵がいます。グアム島の孤独28年の横井庄一氏、ルバング島30年戦争の小野田寛郎氏、モロタイ島悪夢の31年の中村輝雄氏の3人です。いずれも年中実っているバナナを主食に、パパイヤ、パンノキ、ザボンなどのトロピカルフルーツを食べながら、生き抜いてきたのです。

　バナナは、未熟でも穴に囲っておけば、ムロに入れたと同然で、追熟します。美味でしかも消化がよく、栄養バランスもとれている。バナナは、こんなに素晴らしい栄養価をもったフルーツなのです。でも彼らにとってバナナは、楽園ならぬ失楽園の果実だったのでしょう。

フルーツのお話❷

リンゴ

Apple　バラ科

　世界で栽培されているリンゴは、西洋リンゴといわれるものです。日本に昔からある林檎は、漢字が意味するように、林にくる禽（とり）や獣（けもの）が食べる小さな果実の和リンゴのことです。明治初期に導入された西洋リンゴは、当時は苹果（へいか、ひょうか）と呼んで、和リンゴと区別していました。
　西洋において、リンゴは、三大物語といわれる聖書の禁断の木の実、ウィルヘルム・テルとリンゴ、ニュートンのリンゴのほか、神話に小説、詩歌、絵画などにさまざまな愛と美のストーリーを展開してきました。
　リンゴの原産地は、コーカサスから小アジアにかけての地域が定説ですが、生食だけではなく、リンゴ酒やジェリーなどに加工され、民族移動とともに、西はヨーロッパ全域に、東はインドを経て中国にまで伝わりました。やがて新大陸にまで伝わり、品種改良も進んで、今や南北半球はアップルベルトにぐるりと巻かれています。

林檎今昔

　西洋リンゴの種苗が日本に導入されたのは明治初期ですが、ヤッチャバ（青果市場の愛称）に登場するようになったのは、20世紀の初めです。したがって日本のリンゴ市場は僅々100年の歴史しかありません。
　しかし、水菓子として生食で賞味する日本人の栽培技術と愛情によって、品種改良、品質向上が進められてきました。同時に見栄えのよい色、形、サイズにこだわり、芸術果を研究生産し続けてもきました。今日、日本市場に登場しているリンゴの品種は、ふじを筆頭にむつ、津軽、王林、ジョナゴールド、既存の品種に新品種を加えると、品種の数において世界に冠たるものがあり、いずれも高糖度、高品質とその芸術性で、世界に誇れるものです。
　近年の市場開放によって、わが国にアメリカ産、フランス産、ニュージーランド産、オーストラリア産、その他の国のリンゴが輸入されていますが、いずれのものも生食用としては、国内産の敵に有らず、敗北を宣言しているのが実情です。しかし、今までミカンに次ぐ第二の生産量を維持してきた日本のリンゴ市場も、時代とともに消費需要の変化が起こり、生産量が年ごとに減退しています。この要因は、食べる果物から飲む果物へ、すなわちジュースへの嗜好の変化でしょう。

Eat carrot   Mélange légume

Orange window

Multi vitamin calcium

イート・キャロット　Eat carrot　191kcal

繊維質を摂りたいときは、
ニンジンをたっぷり入れて食べるジュースに

リンゴ　　250g
ニンジン　100g
ハチミツ　10g
氷　　　　2〜3個
水　　　　100cc

リンゴをジューサーで絞ったのち、その他の材料すべてとともにミキサーで撹拌する。

野菜ミックス　Mélange legume　116kcal

たくさんの野菜もジュースにして冷やして飲めば、
とっても簡単、そしておいしい！

リンゴ　　80g
セロリ　　40g
レモン　　30g
キャベツ　70g
ニンジン　30g
小松菜　　30g
オリゴ糖　10g
氷　　　　2個

小松菜以外の野菜とフルーツをジューサーで絞ったのち、小松菜、オリゴ糖、氷とともにミキサーで撹拌する。

オレンジ・ウインドウ　Orange window　228kcal

苦手なニンジンも、甘い柿と酸っぱいレモンで飲みやすく

富有柿　　200g
ニンジン　250g
レモン　　30g

柿、ニンジン、レモンをジューサーで絞る。

マルチ・ビタミン・カルシウム　Multi vitamin calcium　164kcal

毎日忙しい人のために、ゴマの香りの栄養補給ドリンク

ホウレン草　20g
ニンジン　　20g
トマト　　　80g
セロリ　　　20g
レモン　　　30g
リンゴ　　　100g
ゴマ　　　　5g
ヨーグルト　15g
ハチミツ　　10g

ホウレン草、ニンジン、トマト、セロリ、レモン、リンゴをジューサーで絞ったのち、その他のすべての材料とともにミキサーで撹拌する。

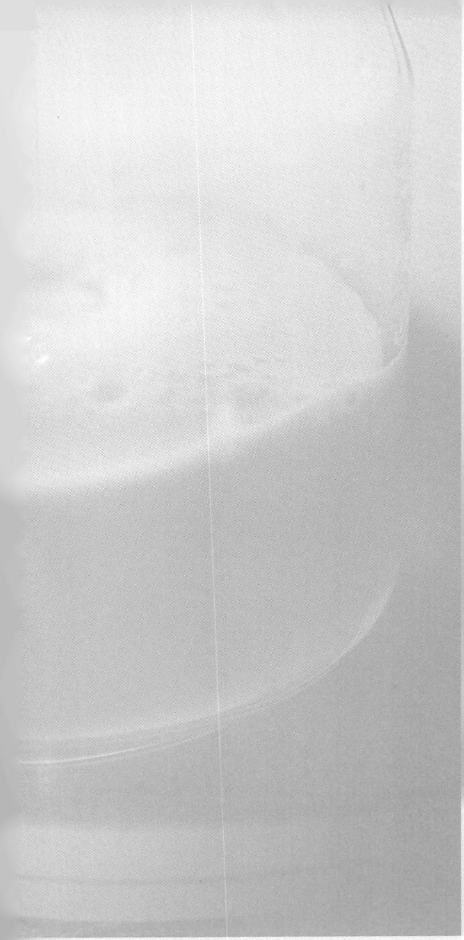
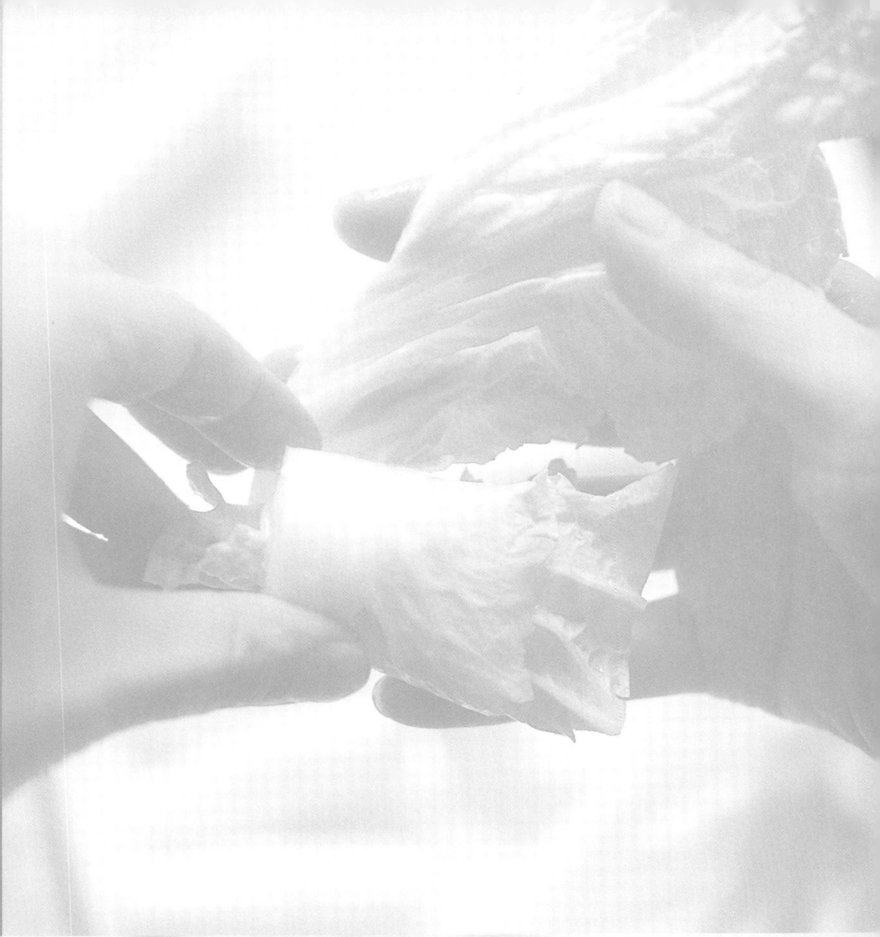

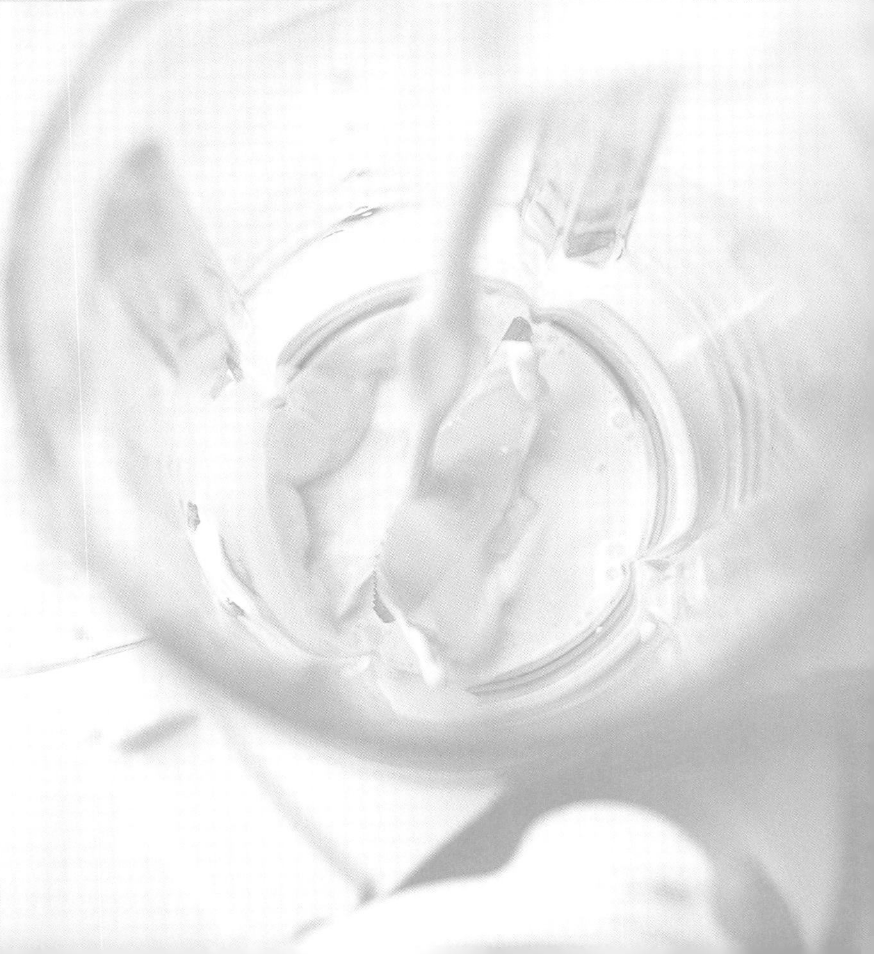

ガスパチョ・ドリンク

Gaspacho drink　117kcal

オリーブ油の豊かな香りが
ジュースの甘みを引き立てる、
アレンジトマトジュース

トマト　165g
キュウリ（皮なし）　35g
赤ピーマン　55g
セロリ　18g
レモン　30g
塩　少量
エクストラヴァージンオリーブ油　5cc（小さじ1）

オリーブ油以外のすべての材料をジューサーで絞り、グラスに注いでオリーブ油を数滴加える。

パラダイス・グリーン

Paradise green　およそ156kcal

つるりとした透明なアロエの果肉入り。
皮には苦みがあるので漉しましょう

グレープフルーツ　320g
アロエ　30g
オリゴ糖　10g

グレープフルーツをジューサーで絞り、アロエ、オリゴ糖とともにミキサーで撹拌する。シノワ（漉し器）でアロエを漉す。

フルーティ・トマト
Fruity tomato　69kcal

朝の定番トマトが、オレンジの香りで
フルーティなジュースに

トマト　120g
ネーブルオレンジ　40g
ハチミツ　10g

トマトとオレンジをジューサーで絞り、ハチミツを混ぜる。

シャポ・ブラン
Chapeau blanc　180kcal

時間がたつと辛みが出るので、
つくったらすぐに飲みましょう

カブ　　　200 g
カブの茎　 30 g
バナナ　　120 g
ハチミツ　 10 g

カブをジューサーで絞ったのち、カブの茎、バナナ、ハチミツとともにミキサーで撹拌する。

シュー・シノワ
Choux chinois　196kcal

歯応えのある白菜も、
ジュースにすればたっぷり摂れる。
リンゴと好相性の1杯

白菜　　　120 g
リンゴ　　150 g
ハチミツ　 10 g

白菜、リンゴをジューサーで絞り、ハチミツを混ぜる。

青汁スイート
Aojiru sweet 121kcal

甘みの強いブドウと合わせると、
すーっと飲める、青汁の不思議な法則

レッドグローブ（ブドウ）　170g
青汁　90cc
レモン　30g

ブドウとレモンをジューサーで絞ったのち、青汁と混ぜる。

fruits

メランジュ
Mélange　138kcal

ミックスジュースの楽しさは、
思いつくままの組み合わせ

グレープフルーツ　85g
オレンジ　120g
リンゴ　80g
イチゴ　45g

グレープフルーツ、オレンジ、リンゴをジューサーで絞ったのち、イチゴとともにミキサーで撹拌する。

ゴールデン・カップル

Golden couple 110kcal

甘酸っぱいリンゴを使った、
さらりとしたヨーグルトドリンク

リンゴ　130g
ヨーグルト　50g
ハチミツ　5g

リンゴをジューサーで絞ったのち、ヨーグルト、ハチミツとともにミキサーで撹拌する。

メロリー

Melory 73kcal

甘いメロンと酸っぱいライムで、
大根の辛さがほどよく和らぐ

メロン　100g
大根　25g
ライム　15g
オリゴ糖　10g

メロン、大根、ライムをジューサーで絞ったのち、オリゴ糖を混ぜる。

Double pink

Green sky

グリーン・スカイ

Green sky 136kcal

えぐみのあるキウイが苦手な人も、
種を漉せばクリアな味に

キウイ   200g
ガムシロップ   10g
水   15cc

キウイをあらく切り、シノワ(漉し器)を使って手でつぶすようにして種を漉し取る。水とシロップを加える。

❶ シノワを使ってキウイをつぶす。
❷ 種を漉すと、えぐみのないすっきりした味になる。

ダブル・ピンク

Double pink 126kcal

淡いピンクがすがすがしい、
イチジクを使ったお腹に優しいジュース

ルビーグレープフルーツ   180g
イチジク   80g
ハチミツ   5g

グレープフルーツをジューサーで絞ったのち、皮をむいたイチジク、ハチミツをミキサーで撹拌する。

サン・フラッシュ

Sun flash 126kcal

ブラッドオレンジの果汁は、
情熱的な色に似合わず、すっきりした味わい

ブラッドオレンジ   300g

ジューサーでブラッドオレンジを絞る。

サマータイム
Summertime 117kcal

ライチとミントの香りがさわやかな、ライトイエローのジュース

グレープフルーツ　170 g
ライチ　50 g
フレッシュ・ミントの葉　少量
ガムシロップ　5 g

グレープフルーツをジューサーで絞り、その他の材料とともにミキサーで撹拌する。

フルーツのお話❸

ブドウ

Grape　ブドウ科

古代エジプトの壁画によれば、ブドウはすでに紀元前15世紀頃から栽培されていたようです。日本に伝わったのは、12世紀、平安時代後期で、このブドウが今でも栽培されている甲州ブドウです。

垣根か棚か
日本のブドウ栽培は、ツルを這わせた棚づくりですが、外国ではほどんどが一本仕立ての垣根づくりです。なぜ日本は昔から面倒くさい棚づくりをしているのでしょうか。この理由は、もともと湿気を嫌うブドウのために、また狭い土地を有効に使うために考案されたものだともいわれています。棚から下がったブドウの房は、風の間に間にぶらぶら揺れて、湿気を防ぐとともに、たとえ雨や夜露にぬれても乾きが早いためです。さらに房の手入れがしやすいという利点があります。

外国では、そのほとんどがブドウ酒や加工用に栽培するため、収穫しやすいように、またより大房に、なり密度を高めるためにも垣根栽培を採用しています。つまり生産性を高めるための栽培方法なのです。

ブドウあれこれ
さて、日本人が育てた世界に誇る生食用のブドウを紹介しましょう。一番の古株は、さわやかなグリーンが特徴のマスカット・オブ・アレキサンドリアです。麝香（じゃこう＝マスカット）に似た佳香をもつ最高の温室ブドウで、明治中葉に東京・新宿御苑試験場で、植物学の泰斗、福羽逸人博士によって改良され、今では日本の地中海といわれる瀬戸内の岡山県の特産です。

巨峰は、昭和10年（1935年）頃、静岡県の篤農家、大井上康氏が、大玉キャンベル種と大玉センチニアル種との交配によってつくり出した品種です。名が示すとおり巨大な粒と高糖度で、年ごとに人気が上昇しています。リンゴのふじと同様、今や世界で最も注目されている最高の品種なのです。

種なしデラウエアは、昭和32年（1957年）に山梨県果樹試験場長、岸光夫氏によってつくり出されたブドウで、デラウエアの蕾を成長ホルモン剤ジベレリン液に2度漬けして、種なしができます。この発見は、世界的に評価され、まさにノーベル賞ほどの価値のある功績といえましょう。

輸入ブドウも各種ありますが、近年輸入が急増しているレッドグローブは、国産ブドウが市場から消える晩秋から翌年の初夏までがシーズンです。赤色で大粒、しかも日持ちがよいのが特徴です。秋はカリフォルニア産、春はチリ産が安値で登場します。

やさしいバナナ
Yasasii-banana 147kcal

ブラック・シュガー・ドリンク
Black sugar drink 97kcal

体調のすぐれない日には、
豆乳ミックスでバランスをとって

豆乳　200cc
バナナ　65g

すべての材料をミキサーまたはハンドミキサーで撹拌する。

黒砂糖の和風の甘さと、
バナナと豆腐のボリュームが持ち味

バナナ　30g
豆腐　37g
牛乳　50cc
黒砂糖　5g

すべての材料をミキサーまたはハンドミキサーで撹拌する。

アンジェロ
Angelot 213kcal

豆乳サワー
Tonyu sour 110kcal

チーズ風味のイチゴミルクは、
子供の大好きなデザート

イチゴ　75g
クリームチーズ　25g
牛乳　100cc
オリゴ糖　15g

すべての材料をミキサーまたはハンドミキサーで撹拌
する。

豆乳のくせが気になる人は、
グレープフルーツと合わせてみて！

グレープフルーツ　110g
豆乳　100cc
オリゴ糖　10g

グレープフルーツをジューサーで絞ったのち、豆乳、
オリゴ糖とともにミキサーで撹拌する。

ピュア
Pure 118kcal

皮ごとジューサーにかけて、
ほんのり渋みを残しましょう

マスカット（ブドウ）　200g
レモン果汁　少量

半分に切って種を取り除いたブドウをジューサーで絞ったのち、レモン果汁を加える。ブドウは巨峰でも可。

ローズ
Rose 77kcal

イチゴたっぷり、
甘さ控えめのばら色ヨーグルト

イチゴ　70g
ヨーグルト　50g
オリゴ糖　10g

すべての材料をミキサーまたはハンドミキサーで撹拌する。

南国風味
Nangoku-fumi およそ74kcal

さわやかなキワノで
オレンジジュースが優しくなります。
キワノは種も食べられるので、
ジュースに浮かべてみてもいいでしょう

キワノ　100g
オレンジ　80g

キワノ、オレンジをジューサーで絞ったのち、ミキサーで撹拌する。

アーリー・サマー
Early summer 80kcal

はしりのスイカと名残のイチゴを使った、初夏のジュース

スイカ　200g
イチゴ　18g

スイカとイチゴをジューサーで絞る。イチゴのない時期にはライムをかわりに使ってもよい。

シトラス&ペアー
Citrus & pear 126kcal

洋梨の香りと
グレープフルーツのすがすがしい酸味が好相性

グレープフルーツ　80 g
洋梨（ラ・フランス）　100 g
ヨーグルト　50 g
オリゴ糖　5 g

グレープフルーツをジューサーで絞ったのち、ラ・フランス、ヨーグルト、オリゴ糖とともにミキサーで撹拌する。

抹茶ミルキー
Macha milky 175kcal

抹茶の青々とした香りと
バナナのフルーティな風味がマッチ

バナナ　60 g
牛乳　100 cc
抹茶　2.5 g
ガムシロップ　15 g

すべての材料をミキサーまたはハンドミキサーで撹拌する。

ピュア・スター
Pure star　およそ47kcal

限りなく透明な、淡い香りと酸味が特徴。
全身に優しくいきわたる

スターフルーツ　60g
水　100cc
ハチミツ　10g

すべての材料をミキサーまたはハンドミキサーで撹拌したのち、漉す。

ランブー

Ranbu　およそ132kcal

ほのかな甘さとレモンの酸味が
ランブータンの味を引き立てる

ランブータン　140g
レモン　少量
ガムシロップ　20g
氷　1個
水　200cc

すべての材料をミキサーまたはハンドミキサーで撹拌する。

クリーミー・グリーン
Creamy green 200kcal

バナナとアボカドのとろりとした濃厚な味。
飲めばみるみる元気になる！

バナナ　60g
アボカド　32g
牛乳　100cc
ハチミツ　7.5g

すべての材料をミキサーまたはハンドミキサーで撹拌する。

ミルク・バナナ
Milk banana 217kcal

懐かしいバナナジュースの味。
即効性のエネルギージュース

バナナ　60g
卵黄　1個
牛乳　100cc
ハチミツ　10g

すべての材料をミキサーまたはハンドミキサーで撹拌する。

シトラス・ミックス
Citrus mix　145kcal

3つの柑橘類をミックスした
ビタミンCたっぷりのジュース

オレンジ　250 g
グレープフルーツ　85 g
レモン　15 g

すべての材料をジューサーで絞る。

レッド・ベース・デコポン
Red base dekopon　132kcal

美しいザクロのシロップが
デコポンの甘みを補い、風味を与える

デコポン　220 g
グレナデンシロップ　7.5 g

デコポンをジューサーで絞り、シロップを入れたグラスに静かに流し入れる。

ドゥスール

Douceur 172kcal

あらめに仕上げて、フルーツの食感を残しましょう

バナナ　60g
イチゴ　90g
牛乳　100cc
オリゴ糖　10g

すべての材料をミキサーまたはハンドミキサーで撹拌する。

サマー・ホワイト
Summer white 116kcal

さわやかな初夏の風が吹き抜けるベランダで目覚めのジュースを

グレープフルーツ　170g
バナナ　60g

グレープフルーツをジューサーで絞ったのち、バナナとともにミキサーで撹拌する。

スパイシー・バナナ
Spicy banana 162kcal

お腹の調子を整えるナツメグの効果で、今日も元気一杯

バナナ　60g
牛乳　100cc
ナツメグ　少量
粉砂糖　10g

すべての材料をミキサーまたはハンドミキサーで撹拌する。

パイメロップル
Pine-melopple　124kcal

メロンと相性のよいパイナップルを絞った、
クリアなジュース

パイナップル　120g
メロン　150g

パイナップル、メロンをジューサーで絞る。

サンライト
Sunlight　75kcal

朝の明るい日ざしのような
オレンジとイチゴのカップル

オレンジ　120g
イチゴ　75g

オレンジをジューサーで絞ったのち、イチゴとともに
ミキサーで撹拌する。

アップル+ジンジャー
Apple + ginger 143kcal
ショウガの効果で、すっきりとした口当たり

リンゴ　250g
レモン　30g
ショウガ　5g

リンゴ、レモンをジューサーにかけ、漉し器ですりおろしたショウガを通す。

パンプルムロン

Pumple-melon 90kcal

細かい泡と優しいメロンの甘みで、
軽やかなグレープフルーツジュースに

アンデスメロン　70g
グレープフルーツ　160g

グレープフルーツをジューサーで絞ったのち、メロン
とともにミキサーで撹拌する。

安心ヨーグルト

Anshin yoghourt 188kcal

ヨーグルトにレモンとハチミツを加えると、
万能のジュースベースに

アンデスメロン　155g
レモン　60g
ヨーグルト　100g
ハチミツ　10g

メロンとレモンをジューサーで絞ったのち、ヨーグル
ト、ハチミツとともにミキサーで撹拌する。

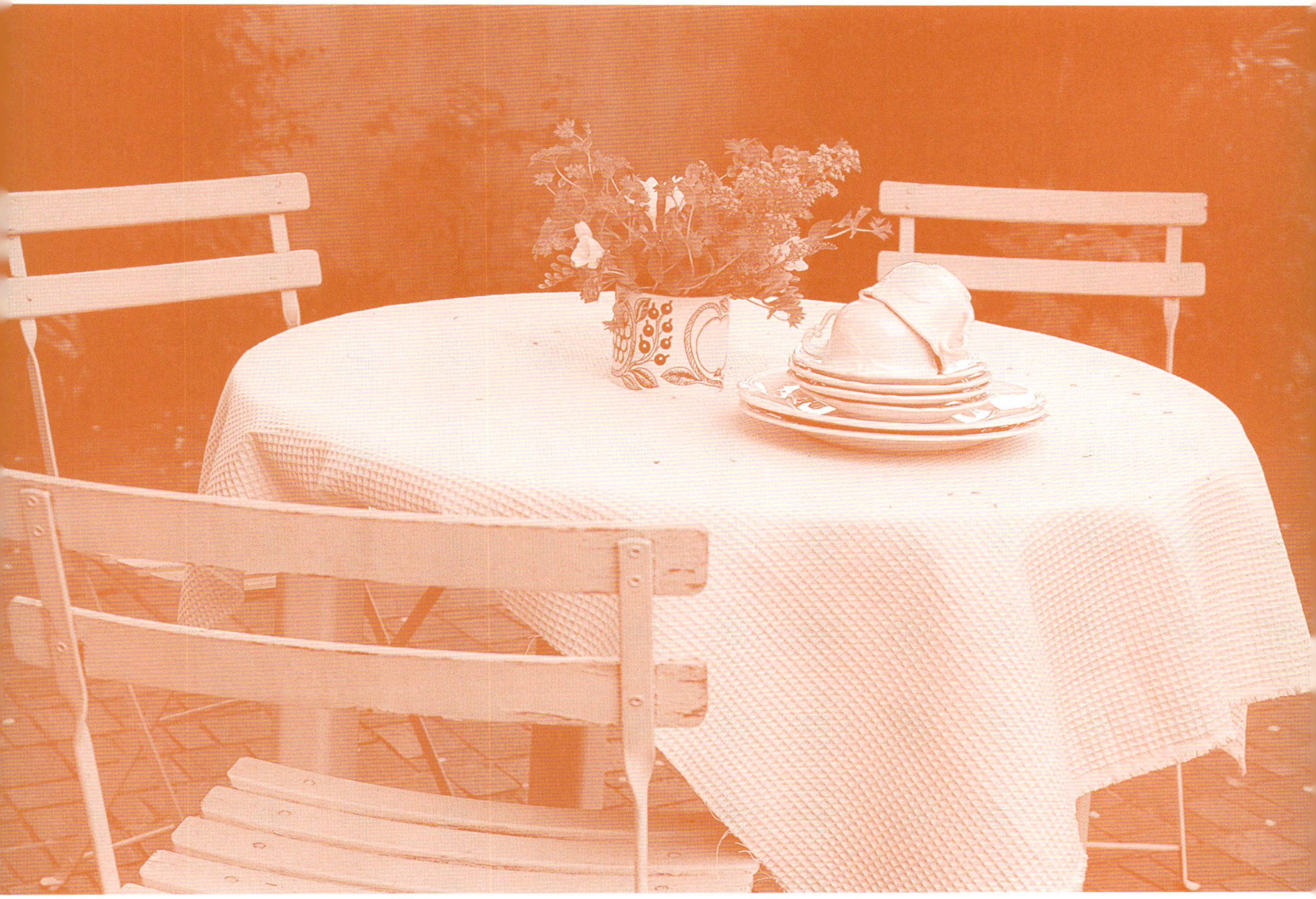

モーニング・ベリー

Morning berry 152kcal

ベリーベリー＋たっぷりフレークで、かんたん朝ごはん

イチゴ　70g
ブルーベリー　65g
牛乳　100cc
カシスシロップ　10g
コーンフレークス　適量

牛乳、シロップ、イチゴ、ブルーベリーをミキサーまたはハンドミキサーで撹拌する。コーンフレークスを好みの分量加える。

和風ミルキー

Wafu milky 164kcal

ごまの風味とマンゴーのエスニックな組み合わせ。つめたくして召し上がれ

マンゴー　60g
練りゴマ　5g
牛乳　100cc
ハチミツ　10g

すべての材料をミキサーで撹拌する。

フルーツのお話❹

梨
Pear　バラ科

　世界のナシは日本ナシ、西洋ナシ、中国ナシに分類されます。しかし、原産地はいずれも中国から中央アジアの地域で、それぞれの進路を通って発展してきました。
　日本ナシは、シャリシャリ感が特徴で、砂を嚙むような食感から、愛称はサンドペアです。西洋ナシは、グルメの国フランス、イタリアなどヨーロッパに伝わったもので、追熟して食べるソフト感が持ち味です。バターのような食感のために、愛称はバターペア。中国ナシは、中国で生まれ、中国で発展した中国国果ともいうべきナシです。水分が多いので、愛称はウォーターペアといいます。
　さて、西洋ナシで生産量が一番多いのは、バートレットです。もともとヨーロッパではウイリアムといいましたが、18世紀にアメリカ新大陸に移住したフランス人のバートレット氏が、ウイリアムの種苗を持参して栽培に大成功したため、いつの間にかバートレット種と呼ばれるようになったのです。
　ラ・フランスは、日本で品種改良した西洋ナシですが、本場フランスのものより美味のため、一番の人気を博しています。生産地の山形県では、みだく（不器量）ナシといわれるように、見栄えは悪いが味美人であります。
　まだそれほど知られていませんが、日本ナシのひとつ、晩三吉（おくさんきち）という晩生の大型赤ナシは、一番人気の二十世紀や幸水の後に登場するため、ナシ党に喜ばれています。晩生の仲間に、新高、愛宕、天の河などのジャンボナシがあり、いずれも甘みがあって美味です。

梨尻柿頭
ナシは尻の方（軸のついていない方）、カキは頭の方（ガクがついていない方）が甘い、という美味しい部位を表したたとえが、〝梨尻柿頭（なしじりかきあたま）〟という言葉です。つまり花付き側であるナシの尻側と柿の頭側が甘いという意味です。糖度計で計っても、頭の方の部位が1度くらい高いのがわかります。

梨園
よく歌舞伎役者の世界を梨園といいますが、これは、かの楊貴妃を愛妃とした唐の玄宗皇帝が、ナシの木の庭園で俳優に技を教えたという故事によるものです。皇帝は、ナシの花の美しさを楊貴妃の泣き顔にたとえ、かの詩人の白楽天に「梨花一枝雨を帯ぶ」と詠まれています。ナシは実も花も楊貴妃のような美しい味わいがあったのでしょう。

フルーツのお話❺

メロン
Melon　ウリ科

　メロンはアフリカ、アジアの砂漠地帯が原産地とされています。現在栽培されているメロンは、果皮にネットの張ったネット系（マスク、アンデス、アムス、夕張、その他新種メロン）と、果皮がつるつるしたノーネット系（ハネデュー、プリンス、ホームラン、シラユキなど）に分類されます。ネット系メロン特有の美しいネットは、果実の成長過程でひび割れを起こし、果液がしみ出して固まったもので、いわばカサブタのようなものです。マスクメロンのようにくっきり張ったネットは芸術性があるので、ノーネット系よりも人気が高く、贈答品の花形でもあります。

うり売りが……
　江戸時代から庶民に人気があったマクワウリは、中国から伝わった、れっきとしたメロンです。その人気ぶりは「ウリウリガ、ウリウリニキテ、ウリウレズ、ウリウリト、ウリウリカエル、ウリウリノコエ」という早口言葉ができるほどで、ここに登場するウリは、マクワウリのことです。

早稲田メロン
　大正年間、マスクメロンの栽培が華族の趣味園芸として流行しましたが、その音頭をとったのは早稲田大学創立者の大隈重信侯でした。侯は早稲田という名のメロンをつくり出したほどの権威者でもありました。品評会で早稲田メロンを高くかざして「我が輩はメロンを食うて125歳まで生きるんじゃ」と言ったというメロン礼賛の大風呂敷は有名。しかしメロンの薬石効なく、85歳で大往生されました。

安心です
　アンデスメロンといえば、誰でも南米のアンデス山脈にちなんで名づけられたものと思われるでしょう。しかしこのメロンを作出した種苗会社に問い合わせてみると「シーズンならいつ食べても美味しいから安心です」というのが名の由来とか。すなわち安（心）+です=アンデスという商標を登録したのだそうです。人を食ったような名前ですが、これに似たような例に、オレンジとカラタチを交配してつくったミカンに、オレ+タチ=オレタチというのがあります。こちらの方は名前負けしたのか、残念ながら人気は今ひとつといったところです。

　赤肉でネット系の夕張メロンは、かつての炭鉱で有名だった、北海道夕張市の特産。キャンタローブメロンにマスクメロンを交配したメロンで、産声を上げたのは昭和35年（1960年）頃です。芳香と甘みと赤肉が注目されて、内地の市場ではひっぱりダコの人気。しかし日持ちが悪いので、内地ではあまりお目にかかれないのが現状です。

アボカド&ハニー
Avocado & honey　271kcal

ハチミツのきいた甘いアボカドは、
デザートがわりにも

アボカド　50g
牛乳　200cc
ハチミツ　15g

すべての材料を、ミキサーまたはハンドミキサーで撹拌する。

ポワール・ジャポネーズ
Poire japonaise　155kcal

疲れをいやしてくれる、
半透明のテンダージュース

梨（晩三吉）　265g
グレープフルーツ　80g
オリゴ糖　5g

梨、グレープフルーツをジューサーで絞ったのち、オリゴ糖を混ぜる。

トロピコ・ピーチ

Tropico peach　200kcal

桃の風味のきいたトロピカルジュース。
白桃のかわりに黄桃を使ってもいいでしょう

白桃　75g
パイナップル　120g
バナナ　50g
牛乳　50cc
ガムシロップ　15g

白桃とパイナップルをジューサーで絞ったのち、その他の材料とともにミキサーで撹拌する。

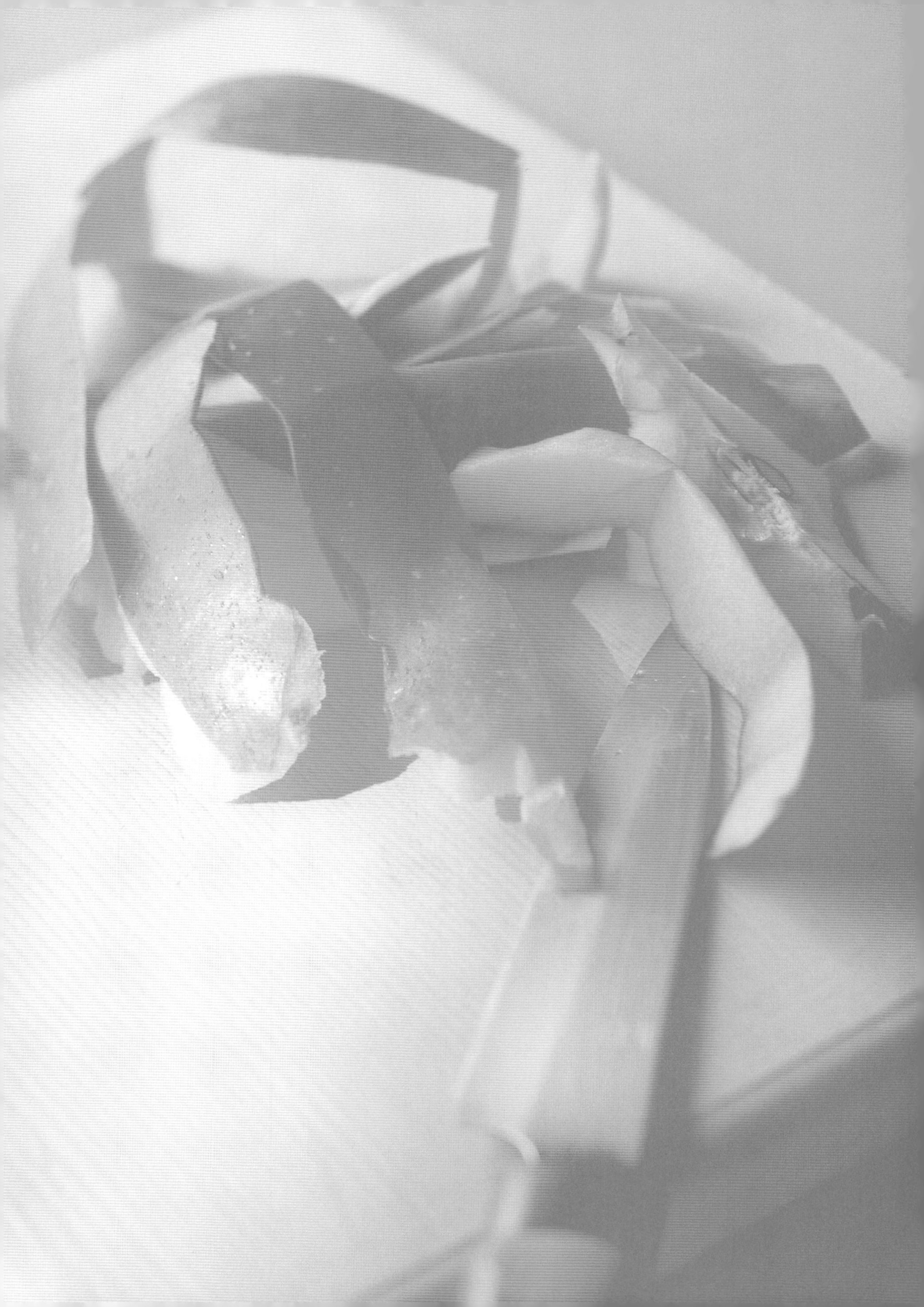

スパイシー・アップル

Spicy apple　141kcal

ホットひと息、
シナモンの香りとさわやかなレモンの酸味

リンゴ　250g
レモン　30g
シナモンスティック　½本

リンゴとレモンをジューサーで絞ったのち、シナモンスティックを加え、電子レンジで1.5分間加熱する。

ボワッソン・ルージュ

Boisson rouge　102kcal

赤い野菜と赤いフルーツでつくった、
真っ赤なジュース

イチゴ　70g
赤ピーマン　20g
ルビーグレープフルーツ　160g
オリゴ糖　5g

イチゴ、赤ピーマン、グレープフルーツをジューサーで絞り、オリゴ糖を混ぜる。

マンゴー・アイランド
Mango island 172kcal

インドのラッシー風ジュースにマンゴーをプラス

マンゴー　60g
ヨーグルト　60g
牛乳　100cc
ハチミツ　10g

すべての材料をミキサーまたはハンドミキサーにかけて撹拌する。

パッシオン

Passion 138kcal

パッションフルーツの酸味と
トロピカルな甘さで、
暑い夏を乗りきる

パッションフルーツ　1個
グレープフルーツ　160g
マンゴー　60g
ハチミツ　10g

パッションフルーツとグレープフルーツをジューサーで絞ったのち、マンゴー、ハチミツとともにミキサーで撹拌する。

エタニティー

Eternity 160kcal

暑い夏の朝は、
パイナップルとマンゴーの
オレンジジュースで楽園気分

パイナップル　120g
オレンジ　160g
マンゴー　50g

パイナップル、オレンジをジューサーで絞ったのち、マンゴーとともにミキサーで撹拌する。

オータム
Autumn　145kcal

自然の恵みあふれる、
甘みたっぷり秋のジュース

ミカン　150g
レモン　30g
富有柿　100g

ミカンとレモンをジューサーで絞ったのち、
柿とともにミキサーで撹拌する。

ドライ&フレッシュ

Dry & Fresh 182kcal

ドライプルーンとフレッシュのアンズに
カルシウムプラスで栄養満点

ドライプルーン　25g
アンズ　25g
ヨーグルト　30g
牛乳　100cc
ハチミツ　10g

すべての材料を、ミキサーで撹拌する。

smoothies

ティティ
Titi 79kcal

つややかな3つのオレンジ色が
まぶしいスムージー

パパイヤ　50g
アンズ　　50g
オレンジ果汁　100cc

凍らせたパパイヤとアンズに、オレンジ果汁を注ぎ、ミキサーまたはハンドミキサーで撹拌する。

タイム・オフ
Time off 138kcal

淡いオレンジ色と
優しい甘さのスイートデザート。
オレンジの粒を感じるように

洋梨　50g
オレンジ　50g
牛乳　100cc
オリゴ糖　10g

凍らせた洋梨とオレンジに、牛乳、オリゴ糖を加え、
ミキサーまたはハンドミキサーで撹拌する。

ティップトップ
Tip-top 153kcal

甘いトロピカルフルーツを使って、
気分はまさにティップトップ！

パイナップル　50g
マンゴー　50g
牛乳　100cc
ハチミツ　10g

凍らせたパイナップルとマンゴーに、牛乳とハチミツ
を加え、ミキサーまたはハンドミキサーで撹拌する。

チャイニーズ・スムージー
Chinese smoothie 84kcal

ウーロン茶の香りにライチの風味がマッチ。
暑い夏にぴったりのさっぱりスムージー

ライチ　50g
アンズ　50g
ウーロン茶　100cc
オリゴ糖　15g

凍らせたライチとアンズに、オリゴ糖とウーロン茶を注ぎ、ミキサーまたはハンドミキサーで撹拌する。

つぶつぶヨーグルト
Tubutubu yoghourt 146kcal

キウイの種の食感がとろりととろける
スムージーのアクセント

キウイ　100g
ヨーグルト　50g
牛乳　50cc
ハチミツ　10g

凍らせたキウイに、ヨーグルト、牛乳、ハチミツを加え、ミキサーまたはハンドミキサーで撹拌する。

ラヴリー&ダーリン
Lovely & darling 107kcal

甘いフルーツとほのかな苦みのジンジャーエールの組み合わせ

パパイヤ　50g
イチゴ　75g
ジンジャーエール　100cc

凍らせたパパイヤとイチゴに、ジンジャーエールを注ぎ、ミキサーまたはハンドミキサーで撹拌する。

フェイサワー

Fei-sour　およそ200kcal

フェイジョアのさわやかな香りが
魅力のホワイトスムージー

フェイジョア　50g
レモン　30g
ヨーグルト　50g
牛乳　100cc
ハチミツ　15g

凍らせたフェイジョアとレモンに、ヨーグルト、牛乳、ハチミツを加え、ミキサーまたはハンドミキサーで撹拌する。

ポワリエ

Poirier　231kcal

こくのあるアボカドに洋梨の香りがきいている。
あらめにミキサーにかけて

洋梨　50g
アボカド　50g
牛乳　100cc
ハチミツ　15g

凍らせた洋梨とアボカドに、牛乳、ハチミツを加え、ミキサーまたはハンドミキサーで撹拌する。

フルーツのお話 ❻

ベリー
Berries　小果類

　ここでベリーというのは、イチゴ、キイチゴ類（バラ科）、スグリ類（ユキノシタ科）、コケモモ類（ツツジ科）などの小粒の漿果類です。おもなベリーのお話をしましょう。

イチゴ　Strawberry　バラ科
　ベリーの中で一番人気が高いのがイチゴです。幕末にオランダ船がもたらしたため、オランダイチゴの名で知られましたが、栽培の始まりは、明治初期にアメリカから導入した5品種です。生食だけに限ってみると、生産量、消費量ともに世界一は日本産イチゴです。晩秋から翌年の初夏までの半年間は、イチゴに明け暮れる毎日です。
　現在はイチゴ戦争といわれほど、とちおとめ、とよのかを筆頭に、多くの品種が登場していますが、いずれもより甘く、より大きく、しかも造形美に優れており、その芸術性と日持ちのよさを誇っています。

キイチゴ類　ラズベリー、ブラックベリー　バラ科
　キイチゴ類は大きくラズベリーとブラックベリーに分けられます。
　ラズベリーは、ヨーロッパキイチゴともいわれ、ヨーロッパが原産地です。フランス語では、フランボワーゼといって、キイチゴの代表格です。花托の上に小さい粒々の果実がたくさん集合した形で、花托からすっぽり離れるのが特徴です。果実の色はほとんどが赤ですが、黄色や白色もあります。生食のほかに、ジュースやジャムなどに加工され、製菓材料としても欠かせません。
　ラズベリーの仲間にサーモンベリー、クラウドベリーなどがあり、日本のミヤマイチゴ（バライチゴ）も同じ仲間です。
　ブラックベリーは名のとおり、黒い果実が特徴で、花托も果肉化しているため、ラズベリーのようにすっぽり抜けません。仲間にはハイブッシュベリーなどがあります。

コケモモ類　ブルーベリー、クランベリー、クロマメノキ　ツツジ科
　コケモモ類の中では、ブルーベリーBlueberryが一番なじみがあります。アメリカではパイやジュースなどに使われて非常にポピュラーで、幼児がBという字を覚えるのは、BlueberryのBからといわれるほどです。日本でもその栄養価が見直されて、日本ブルーベリー協会が設立され、山間僻地帯にブルーベリー栽培を奨励しているほどです。
　クランベリーCranberryは、形がツルの頭に似ているので、ツルcraneのベリーと名づけられました。クランベリーはジュースなどの他、ソースとして七面鳥料理にも使われます。

フルーツのお話 ❼

シトラス
Citrus　ミカン科

　ミカン類のふるさとは、インドから中国、インドシナにかけての一帯とされています。アレキサンダー大王が、インド遠征から持ち帰ったものを地中海沿岸国で栽培されるようになって、地中海オレンジなどの諸品種に発展していきました。その後、アメリカ大陸へわたり、世界的大産業に発展したのは、みなさんもご存じのところです。
　さて、日本のミカン類は中国から伝わった温州ミカン、紀文で有名な紀州ミカンのほか、ナツミカン、ハッサクなどブンタン系の柑橘類が多いのですが、欧米では、レモン、シトロン、グレープフルーツ、オレンジなど日本とは違った品種がポピュラーです。

レモンはライム？
ライムとレモンの違いは、かたやグリーン、かたやイエローと色で区別できますが、レモンも未熟なうちはグリーンですし、ライムも熟すとイエローになるのです。もっとややこしいのは、原産地のインドでは、ライムとのこともレモンのことも、ひっくるめてライムと呼びます。これは、私たちがミカン科のものを品種を区別せずにどれでもミカンと呼ぶことと同じです。

オレンジいろいろ
皮が赤いブラッドオレンジは、血ミカンと呼ばれるように、果汁も果肉もブラッド（血）色です。地中海オレンジから生まれました。旅行者がオレンジジュースを注文したところ、ブラッドオレンジジュースをトマトジュースと勘違いした、といった笑い話があるくらい、普通のオレンジと色の違いがあります。
　最近よく見かける清見オレンジは、日本で作出したタンゴール第１号。タンゴールというのは、ミカン（タンジェリン）とオレンジをかけあわせたもののことです。
　また、清見オレンジとポンカンで交配したオレンジが、出べそのようにとびだしたユーモラスな形のデコポンです。このデコポン、日本のオレンジ界では、現在最高の人気を博しています。
　ネーブルオレンジのネーブルはへそという意味。このへそを取り出してみると、ちいさいながらも１個の果実になっています。日本流にいえば、オレンジが小さなオレンジをヘソクリしていると思ってください。

スクレ
Secret　140kcal

色鮮やかなベリーの甘みと
酸味、ほのかな渋味が身体に優しいスムージー

ラズベリー　25g
レッドカラント　25g
ブルーベリー　25g
イチゴ　25g
牛乳　100cc
ハチミツ　10g

凍らせたラズベリーとレッドカラントとブルーベリーとイチゴに、牛乳、ハチミツを加え、ミキサーまたはハンドミキサーで撹拌する。

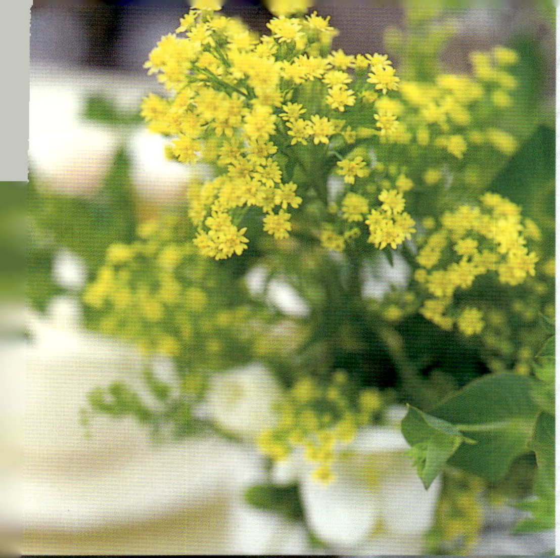
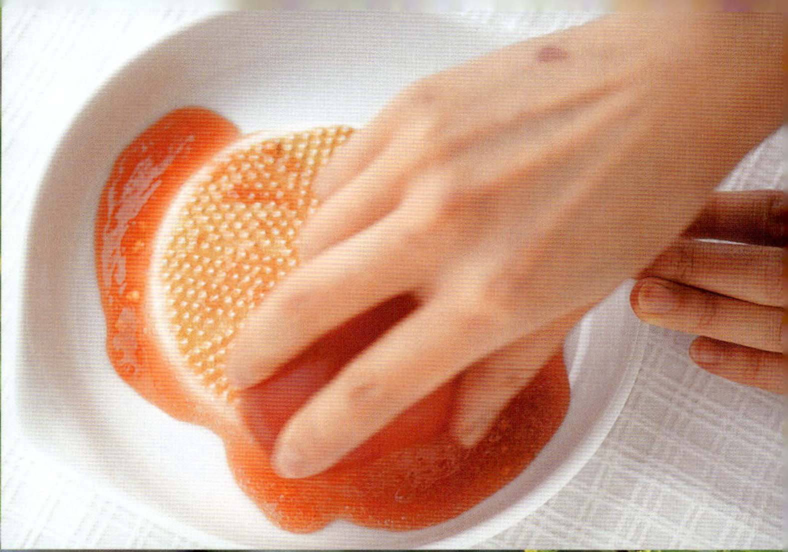
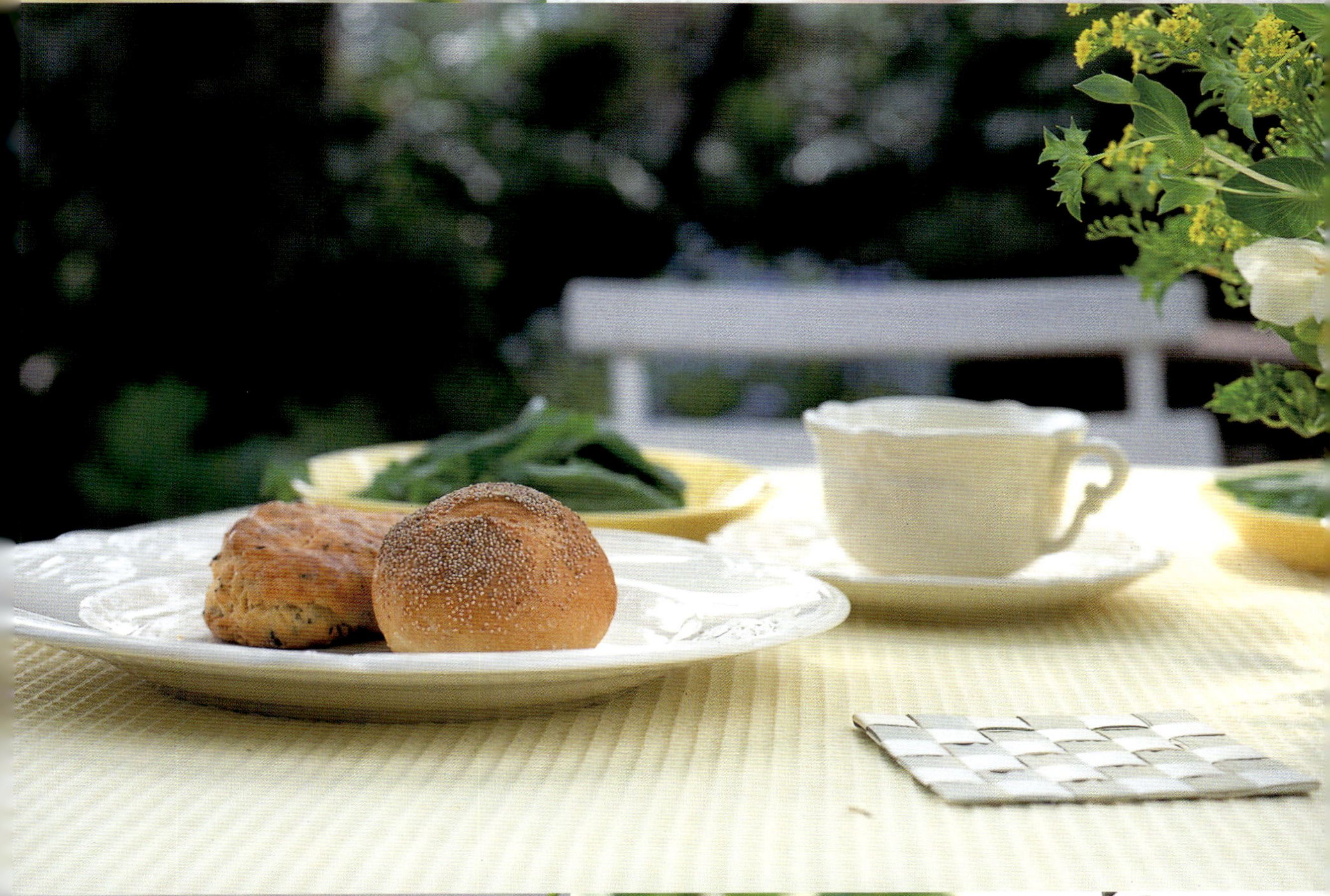
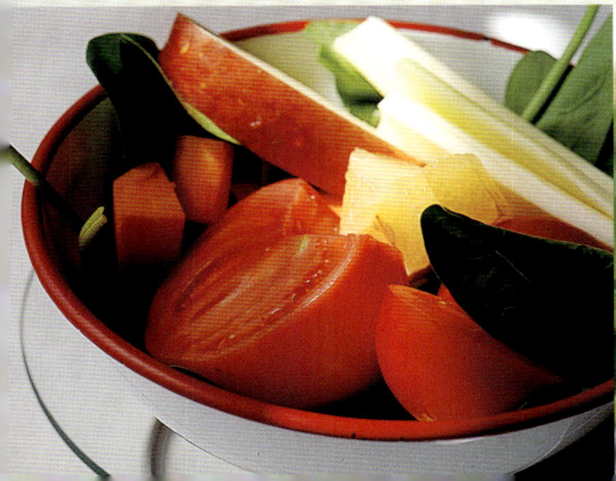
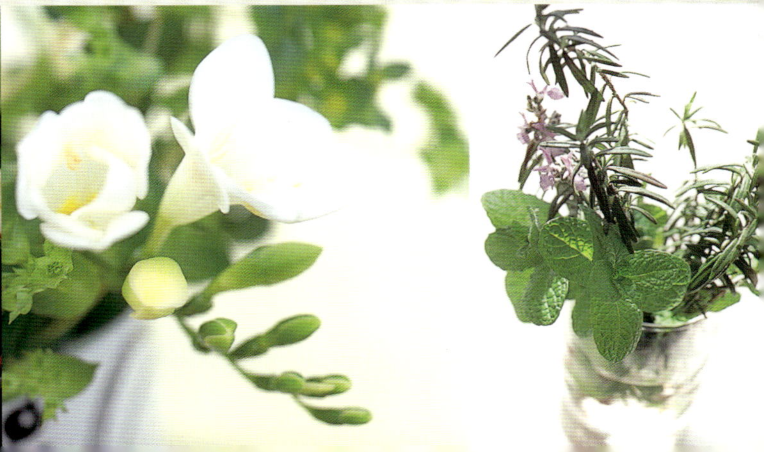

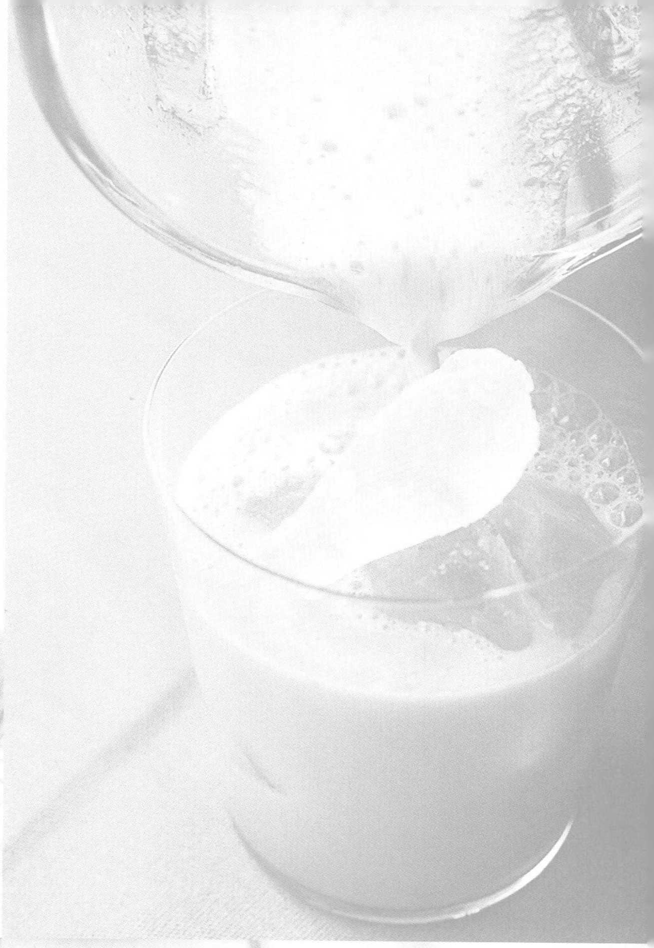
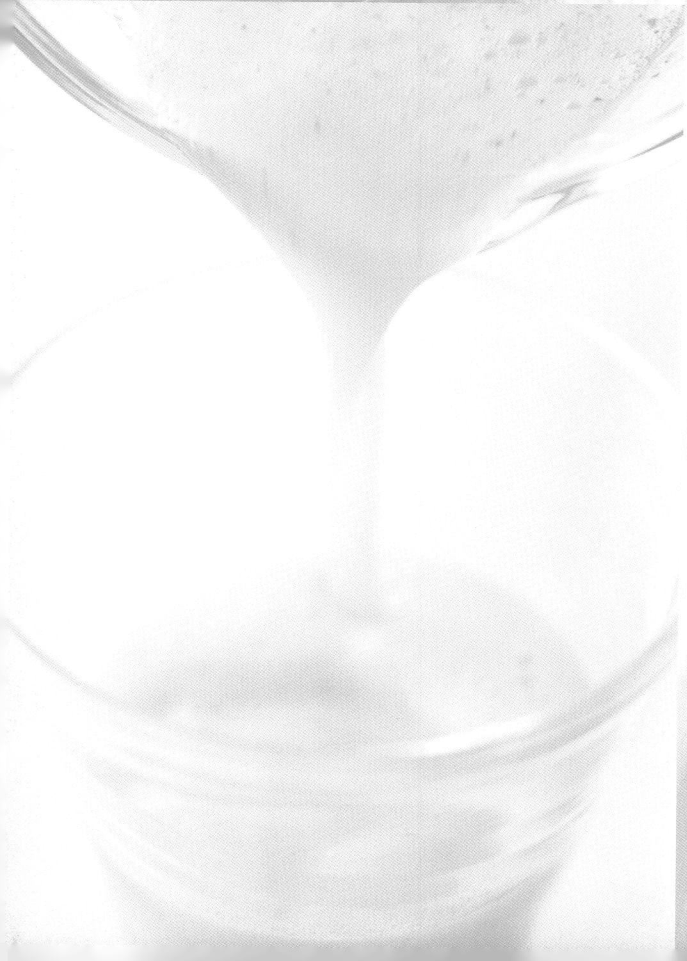

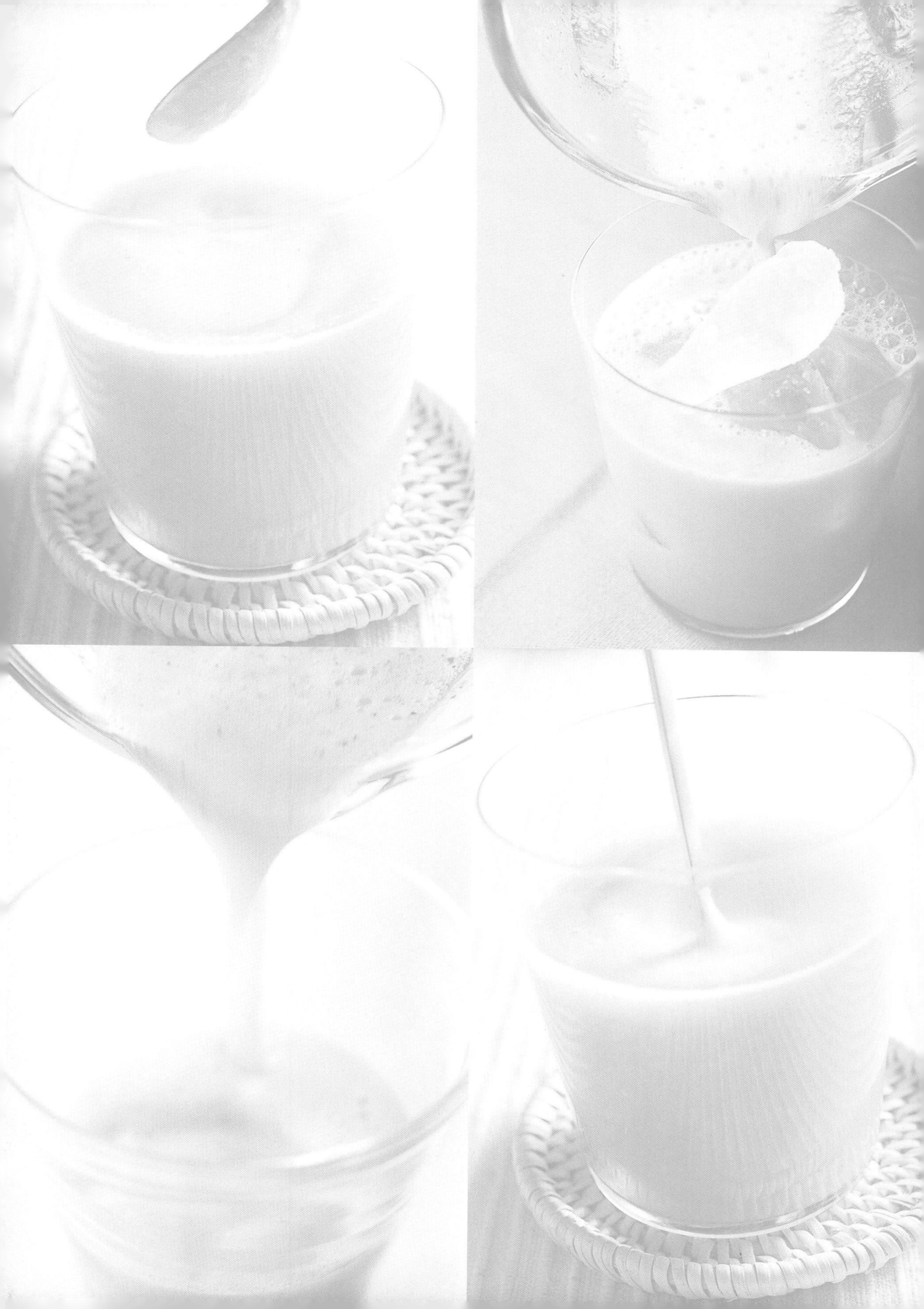

dessert drinks

パパイヤ・ココ
Papaya coco 115kcal

ココナッツミルクの濃厚な香りと
パパイヤの組み合わせはエキゾチック。
マンゴーでも試してみて

パパイヤ　100g
ココナッツミルク　40cc
牛乳　60cc
ハチミツ　10g

すべての材料をミキサーまたはハンドミキサーで
撹拌する。

ブラックカラント・ティー
Blackcurrant tea　30kcal

ハーブティーは、
ハイビスカスやオレンジなど
お好みのものを選んで

アイスハーブティー　100cc
カシスシロップ　10g

アイスハーブティーとシロップを混ぜる。

ベリー・ソーダ
Berry soda　99kcal

ぽかぽかと暖かい苺日和のブランチは、
はじけるソーダで軽快に

イチゴ　45g
オリゴ糖　10g
炭酸水　150cc

イチゴをスプーンの背であらくつぶし、オリゴ糖を混ぜて炭酸水で割る。

ポミエ

Pommier 37kcal

フルーティなリンゴ酢の酸味が心地よい

リンゴ酢　30cc
ハチミツ　10g
炭酸水　200cc

リンゴ酢とハチミツを混ぜ、炭酸水で割る。

羅漢コーヒー
Rakan-coffee　およそ12kcal

煎じた羅漢果液に甘みがあるので、
アイスコーヒーはノンシュガーで

　　　　　羅漢果ゼリー＊　100g
　　　　　アイスコーヒー　100cc

羅漢果ゼリーをくずして、アイスコーヒーを加える。
＊羅漢果ゼリーは羅漢果液250ccに対してふやかした板ゼラチン5gを加えて冷やし固める。

［羅漢果液の抽出］

❶羅漢果をビニール袋に入れて麺棒でくだく。

❷麦茶用のバッグに入れる。

❸水から煮出す。羅漢果1個に対して水1ℓ。羅漢果液のでき上がり。

キンカン・スパーク
Kinkan spark 72kcal

のどに優しいキンカンのほのかな香りと
微炭酸の刺激

キンカンハチミツ漬け　15g
ジンジャーエール　150cc

ハチミツに1日漬けておいたキンカンをスライスして、
ジンジャーエールを注ぐ。

カキ・ジンジャー
Kaki ginger 117kcal

混ぜれば不思議、スカッシュに大変身

富有柿　100g
レモン果汁　30g
ジンジャーエール　100cc

柿とレモン果汁をミキサーで撹拌したのち、ジンジャーエールで割る。

テ・ヴェール・ア・ラ・マント
Thé vert à la menthe 4 kcal
ミントの香る不思議な緑茶は、食後にさわやか

緑茶　200cc
フレッシュ・ミント　3本

ポットに緑茶とミントを入れて熱湯を注ぐ。

バナナ・デザート
Banana dessert 298kcal

バニラビーンズの
つぶつぶが豊かな食感

バナナ　60g
バニラアイス　100g
牛乳　100cc
バニラビーンズ　½本分

すべての材料をミキサーまたはハンドミキサーで撹拌する。

そよ風ミルク
Soyokaze milk
212kcal

のどごしすっきり。
涼風ミルクは
酸味もやわらか

スダチ酢　25cc
牛乳　200cc
ハチミツ　25g

すべての材料をミキサーまたはハンドミキサーで撹拌する。

スイート・セサミ

Sweet sesame 293kcal

デザートのような、
カルシウムたっぷりの黒ゴマジュース

豆腐　　　77g
黒ゴマ　　10g
バニラアイス　70g
牛乳　　　100cc

すべての材料をミキサーまたはハンドミキサーで撹拌する。

きなっち

Kinach 200kcal

キナコと豆腐は、
従兄弟同士のおいしい関係

豆腐　　77g
キナコ　 5g
牛乳　　150cc
黒砂糖　10g

すべての材料をミキサーまたはハンドミキサーで撹拌する。

焼き芋ドリンク
Yaki-imo drink 297kcal

焼き芋の香ばしさが広がる、
あったかミルク

焼き芋　80g
牛乳　200cc
ハチミツ　10g

材料はすべて熱くしておき、ミキサーまたはハンドミキサーで撹拌する。

ペッパー&バナナ
Pepper & banana 591kcal

口に広がるコショウの香りと
バナナの甘さがベストマッチ

バナナ　60g
バニラアイス　300g
黒コショウ　少量

すべての材料をミキサーまたはハンドミキサーで撹拌する。

ミルク・ゼリー

Milk jelly 155kcal

とろけるようなふるふるゼリーが、
とろとろヨーグルトに浮かぶ

オレンジゼリー* 100g
ヨーグルト　50g
牛乳　50cc
粉砂糖　5g

ヨーグルト、牛乳、粉砂糖を混ぜ、ゼリーを軽くくずした上からかける。
*オレンジゼリーは、オレンジ果汁250ccに対して砂糖15g、ゼラチン5gの割合でつくる。

スイート・ハート

Sweet heart 235kcal

イチゴのあらさを変えると、
違った味わいが楽しめる、
ピンク色のスイートなデザート

イチゴ　70g
バニラアイス　100g

すべての材料をミキサーまたはハンドミキサーで撹拌する。

小豆みるく
Azuki milk 230kcal

ゆで小豆はあまり甘くせずに煮ておいて、クラッカーとともに朝食に

豆腐　35g
ゆで小豆　50g
牛乳　150g
上白糖　10g

すべての材料をミキサーまたはハンドミキサーで撹拌する。

ジンジャー・ティー
Ginger tea 31kcal

ちょっと、のどが痛いとき、
このジンジャー・ティーを。
好みで生姜を増やしてみたら…

紅茶（ホット）　200cc
ハチミツ　10g
ショウガ漬け　2枚

熱い紅茶にハチミツとハチミツ漬けにしたショウガスライスを入れる。

ミカン・タイム
Mikan time 110kcal

ミカンの酸味がやわらいで、和風の味に

ミカン　150g
ジンジャーエール　100cc

ミカンをジューサーで絞ったのち、ジンジャーエールで割る。

すだっち
Sdach　47kcal

疲れたときに身体を芯から暖める、ビタミンとハチミツの優しさ

スダチ　15g
ハチミツ　15g
熱湯　150cc

スダチを手で絞り、ハチミツを混ぜて、熱湯で割る。

マロン・オ・レ
Marron au lait 142kcal

栗とコーヒーの絶妙な味わいは、深まる秋の香り。ホットでどうぞ

栗ペースト（加糖タイプ）　30g
牛乳　100cc
コーヒー　100cc

材料はすべて熱くしておき、ミキサーまたはハンドミキサーで撹拌する。またはスプーンで混ぜるだけでもよい。冷めないうちにすすめる。

カフェ・オ・レ・バナーヌ
Café au lait banane 153kcal

バナナとコーヒーの3倍美味しい取り合わせ

バナナ　60g
豆腐　15g
牛乳　100cc
エスプレッソ　80cc
オリゴ糖　10g

すべての材料をミキサーまたはハンドミキサーで撹拌する。

秋ショコラ
Aki chocolat 186kcal

洋梨とチョコレートは黄金の組み合わせ

洋梨（ラ・フランス）　100g
牛乳　100cc
ココアパウダー　10g
粉砂糖　10g

すべての材料をミキサーまたはハンドミキサーで撹拌する。

カクテル・ティー
Cocktail tea 53kcal

きりっとつめたいアイスティーに、
色とりどりのフルーツの
香りと酸味がさわやか

アイスティー	200cc
イチゴ	5 g
パイナップル	5 g
オレンジ	5 g
キウイ	5 g
ガムシロップ	15 g

それぞれのフルーツを小角切りにし、冷やしたアイスティーに浮かべて、ガムシロップを加える。

フルーツのお話❽
トロピカルフルーツ
Tropical fruits

　トロピカルフルーツは、熱帯果実の総称ですが、同じ熱帯果実でも、珍しいフルーツを指す場合が多いようです。本書に登場するのは11種。そのなかで、よく使われるものについてお話しましょう。

アボカド　Avocado　クスノキ科
　なんでも世界一で有名なギネスブックによると、フルーツで世界一栄養価の高いアボカドについて、「アボカド100ｇのカロリーは136kcal、タンパク質2.2％、ビタミンＡ、Ｃ、Ｅを含んでいる」と紹介しています。

茘枝　レイシ（ライチー）　ムクロジ科
　楊貴妃と玄宗皇帝の物語であまりにも有名な傾城の美果。中国の古書には、「枝を離るるや、一日にして色変じ、二日にして香気失せ、三日にして色、香、味ことごとく尽く」と書かれています。これを幾百里も離れた華南から、都の長安まで運ばせ、ついに人民怨嗟の声を呼び、やがて安禄山の乱が起こり、楊貴妃は殺されてしまいます。このレイシは、初夏に台湾から入荷します。レイシの仲間のランブータンは、冬から春にかけてオーストラリアから入荷します。

パパイヤ　Papaya　パパイヤ科
　パパイヤには動物性タンパク質を柔らかくする酵素パパインを含有しているため、肉とともに煮込んだり、食後のデザートにも使われます。植防法（植物防疫法）のため、ハワイ産、フィリピン産の小型パパイヤのソロ種だけが輸入されています。

マンゴー　Mango　ウルシ科
　今まではメキシコ産のリンゴマンゴー、フィリピン産のイエローマンゴーのみが輸入されていましたが、最近はカリフォルニア産グリーンマンゴーとオーストラリア産インドマンゴーが輸入されるようになって、ほぼ１年中入手できるようになりました。

キワノ　Kiwano　ウリ科
　果皮一面が小さな三角錐で実を守っているような、奇々怪々な形状です。果肉は美しいエメラルドグリーンの寒天状です。キワノはキウイフルーツと相性がよいので、ミックスするとしゃれたグリーン色のジュースができます。春から初夏にかけて、ニュージーランド産が入荷します。

パッションフルーツ　Passion fruits　クダモノトケイソウ科
　パッションフルーツのパッションの本来の意味は、情熱ではなく受難です。パッションフルーツの花をよく見ると、雄しべと雌しべの形状が、あたかも十字架にかけられたキリストに見えたので、キリスト教国では受難の花（パッションフラワー）というようになりました。日本ではそれが時計文字盤の針に似ているので、クダモノトケイソウといいます。果汁は芳香とほどよい酸味をもち、若者に人気があります。

トロピカルいろいろ

そのほかに現在日本で輸入できるおもなトロピカルフルーツをあげておきましょう。

チェリモヤ（バンレイシ科）、タマリロ（ナス科）、アセロラ（キントラノオ科）、カクタスペア（サボテン科）、スターフルーツ（カタバミ科）、ババコ（別名スターパパイヤ）、ドラゴンフルーツ（サボテン科）、ドリアン（パンヤ科）、パイナップル（アナナス科）、ハミグワ（ウリ科）、フェイジョア（フトモモ科）、ペピーノ（ナス科）マメーアップル（オトギリソウ科）など。

フルーツのお話❾
モモ
Peach　バラ科

中国原産のモモは、西に進んでペルシア（イラン）に至り、ペルシア系の黄桃（イエローピーチ）となって発展しました。そのため、原産地がペルシア（Persia）と思われたためか、学名のPersica、英名のPeach、仏名のPêcheのどれもが、ペルシアを意味しています。

日本のモモは古事記にも登場するように、在来種はありましたが、本格的に栽培されたのは、明治時代に中国から導入した天津水蜜桃、上海水蜜桃です。岡山で栽培されたこれらのモモの中から、果肉の白い白桃が生まれました。日本で発生した白桃は、品質が改良されて各種の白桃となり、さらに白鳳なども生み、水蜜の名にふさわしい美桃となりました。

ネクタリン（Nectarine　バラ科）は、またの名を油桃や光桃といい、果実の表面がつやつやと光っています。その名はギリシャ神話のネクター（神の美酒の意）に由来しており、芳香と豊潤な風味が特徴のモモです。

スモモ（Plum, Prune　バラ科）は、西洋スモモと日本スモモに大きく分けられます。西洋スモモは酸味が強いので、料理用、乾果用に使われるため、別名をクッキングプラムといいます。

日本スモモは、西洋スモモに比べると甘みがあり、昔から生食用として利用されているため、別名をデザートプラムともいいます。日本スモモは、その優秀性を買われてアメリカに伝わり、彼の地のスモモと交わり、優れた品種が生まれました。たとえばケルシージャパン、サンタローザ、ビューティー、ソルダムなどは、日本スモモとアメリカスモモをかけ合わせた優良品種です。

材料別さくいん

〔ア〕アイスクリーム	スイート・セサミ	88
	スイート・ハート	90
	バナナ・デザート	87
	ペッパー＆バナナ	89
青汁	青汁スイート	35
	2杯目の青汁	24
赤ピーマン	ガスパチョ・ドリンク	32
	ボワッソン・ルージュ	65
小豆	小豆みるく	91
アボカド	アボカド＆ハニー	62
	クリーミー・グリーン	50
	ポワリエ	75
アロエ	パラダイス・グリーン	32
アンズ	チャイニーズ・スムージー	72
	ティティ	70
	ドライ＆フレッシュ	69
イチゴ	アーリー・サマー	46
	アンジェロ	43
	カクテル・ティー	96
	サンライト	54
	スイート・ハート	90
	スクレ	78
	ドゥスール	52
	ベリー・ソーダ	82
	ボワッソン・ルージュ	65
	メランジュ	36
	モーニング・ベリー	58
	ラヴリー＆ダーリン	74
	ローズ	45
イチジク	ダブル・ピンク	39
ウーロン茶	チャイニーズ・スムージー	72
エクストラヴァージンオリーブ油	ガスパチョ・ドリンク	32
大葉	グリーン・シャワー	22
オレンジ	エタニティー	67
	オレンジ・ショック	25
	カクテル・ティー	96
	サンライト	54
	シトラス・ミックス	51
	タイム・オフ	71
	南国風味	45
	フルーティ・トマト	33
	メランジュ	36
オレンジ果汁	ティティ	70
オレンジゼリー	ミルク・ゼリー	90
〔カ〕柿	オータム	68
	オレンジ・ウインドウ	30
	カキ・ジンジャー	85
カブ	シャポ・ブラン	34
キウイ	カクテル・ティー	96
	グリーン・スカイ	39
	つぶつぶヨーグルト	72
キナコ	きなっち	88
キャベツ	フレッシュ・キャベツ	19
	野菜ミックス	30
牛乳	秋ショコラ	95
	小豆みるく	91

		アボカド＆ハニー　62
		アンジェロ　43
		カフェ・オ・レ・バナーヌ　95
		きなっち　88
		クリーミー・グリーン　50
		スイート・セサミ　88
		スクレ　78
		スパイシー・バナナ　53
		そよ風ミルク　87
		タイム・オフ　71
		つぶつぶヨーグルト　72
		ティップトップ　71
		ドゥスール　52
		ドライ＆フレッシュ　69
		トロピコ・ピーチ　63
		バナナ・デザート　87
		パパイヤ・ココ　81
		フェイサワー　75
		ブラック・シュガー・ドリンク　42
		ポワリエ　75
		抹茶ミルキー　47
		マロン・オ・レ　94
		マンゴー・アイランド　66
		ミルク・ゼリー　90
		ミルク・バナナ　50
		モーニング・ベリー　58
		焼き芋ドリンク　89
		和風ミルキー　59
	キュウリ	ガスパチョ・ドリンク　32
	キワノ	南国風味　45
	キンカンハチミツ漬け	キンカン・スパーク　85
	クリームチーズ	アンジェロ　43
	栗ペースト	マロン・オ・レ　94
	グレープフルーツ	グリーン・ベース　25
		サマータイム　40
		サマー・ホワイト　53
		シトラス＆ペアー　47
		シトラス・ミックス　51
		豆乳サワー　43
		パッシオン　67
		パラダイス・グリーン　32
		パンプルマーシュ　24
		パンプルムロン　56
		ビタミン＋Fe　21
		ポワール・ジャポネーズ　62
		メランジュ　36
	グレープフルーツ（ルビー）	ダブル・ピンク　39
		ボワッソン・ルージュ　65
		ミブリー　18
	クレソン	ピリッとリンゴ　17
	黒コショウ	ペッパー＆バナナ　89
	紅茶	ジンジャー・ティー　92
		カクテル・ティー　96
	コーヒー	カフェ・オ・レ・バナーヌ　95
		マロン・オ・レ　94
		羅漢コーヒー　84

	コーンフレークス	モーニング・ベリー 58
	ココアパウダー	秋ショコラ 95
	ココナッツミルク	パパイヤ・ココ 81
	ゴマ	スイート・セサミ 88
		マルチ・ビタミン・カルシウム 30
	小松菜	ビタミン＋Fe 21
		野菜ミックス 30
〔サ〕	サツマイモ	焼き芋ドリンク 89
	シナモンスティック	スパイシー・アップル 65
	ショウガ	アップル＋ジンジャー 55
	ショウガ漬け	ジンジャー・ティー 92
	ジンジャーエール	カキ・ジンジャー 85
		キンカン・スパーク 85
		ミカン・タイム 92
		ラヴリー＆ダーリン 74
	スイカ	アーリー・サマー 46
	スターフルーツ	ピュア・スター 48
	スダチ	すだっち 93
	スダチ酢	そよ風ミルク 87
	セロリ	ガスパチョ・ドリンク 32
		グリーン・シャワー 22
		グリーン・ベース 25
		フレッシュ・キャベツ 19
		マルチ・ビタミン・カルシウム 30
		野菜ミックス 30
〔た〕	大根	メロリー 37
	炭酸水	ベリー・ソーダ 82
		ポミエ 83
	デコポン	レッド・ベース・デコポン 51
	豆乳	豆乳サワー 43
		やさしいバナナ 42
	豆腐	小豆みるく 91
		カフェ・オ・レ・バナーヌ 95
		きなっち 88
		スイート・セサミ 88
		ブラック・シュガー・ドリンク 42
	トマト	ガスパチョ・ドリンク 32
		フルーティ・トマト 33
		マルチ・ビタミン・カルシウム 30
		まるまるトマト 20
	ドライプルーン	ドライ＆フレッシュ 69
〔ナ〕	梨	ポワール・ジャポネーズ 62
	ナツメグ	スパイシー・バナナ 53
	ニンジン	イート・キャロット 30
		オレンジ・ウインドウ 30
		オレンジ・ショック 25
		キャロット・ドリンク 19
		マルチ・ビタミン・カルシウム 30
		野菜ミックス 30
	練りゴマ	和風ミルキー 59
〔ハ〕	ハーブティー	ブラックカラント・ティー 82
	パイナップル	エタニティー 67
		カクテル・ティー 96
		ティップトップ 71
		トロピコ・ピーチ 63
		パイメロップル 54

	白菜	シュー・シノワ 34
	パセリ	フォー・ウェイク・アップ 21
パッションフルーツ		パッション 67
	バナナ	カフェ・オ・レ・バナーヌ 95
		クリーミー・グリーン 50
		サマー・ホワイト 53
		シャポ・ブラン 34
		スパイシー・バナナ 53
		ドゥスール 52
		トロピコ・ピーチ 63
		バナナ・デザート 87
		ブラック・シュガー・ドリンク 42
		ペッパー&バナナ 89
		抹茶ミルキー 47
		ミルク・バナナ 50
		やさしいバナナ 42
	バニラビーンズ	バナナ・デザート 87
	パパイヤ	オレンジ・ショック 25
		ティティ 70
		パパイヤ・ココ 81
		ラヴリー&ダーリン 74
	フェイジョア	フェイサワー 75
	ブラッドオレンジ	サン・フラッシュ 39
	ブルーベリー	スクレ 78
		モーニング・ベリー 58
	ホウレン草	フォー・ウェイク・アップ 21
		マルチ・ビタミン・カルシウム 30
		リーフ&ヨーグルト 22
〔マ〕	マーシュ	パンプルマーシュ 24
	マスカット	ピュア 44
	抹茶	抹茶ミルキー 47
	マンゴー	エタニティー 67
		ティップトップ 71
		パッション 67
		マンゴー・アイランド 66
		和風ミルキー 59
	ミカン	オータム 68
		ミカン・タイム 92
	みぶ菜	ミブリー 18
	ミント	サマータイム 40
		テ・ヴェール・ア・ラ・マント 86
	メロン	安心ヨーグルト 56
		グリーン・シャワー 22
		パイメロップル 54
		パンプルムロン 56
		メロリー 37
		メロン・サラダ 23
	モモ	トロピコ・ピーチ 63
	モロヘイヤ	フォー・ウェイク・アップ 21
		リーフ&ヨーグルト 22
〔ヤ〕	ヨーグルト	安心ヨーグルト 56
		ゴールデン・カップル 37
		シトラス&ペアー 47
		つぶつぶヨーグルト 72
		ドライ&フレッシュ 69
		フェイサワー 75

	マルチ・ビタミン・カルシウム	30
	マンゴー・アイランド	66
	ミルク・ゼリー	90
	リーフ&ヨーグルト	22
	ローズ	45
洋梨	秋ショコラ	95
	シトラス&ペアー	47
	タイム・オフ	71
	ポワリエ	75
〔ラ〕ライチ	サマータイム	40
	チャイニーズ・スムージー	72
ライム	メロリー	37
羅漢果ゼリー	羅漢コーヒー	84
ラズベリー	スクレ	78
卵黄	ミルク・バナナ	50
ランブータン	ランブー	49
緑茶	テ・ヴェール・ア・ラ・マント	86
リンゴ	アップル+ジンジャー	55
	イート・キャロット	30
	キャロット・ドリンク	19
	ゴールデン・カップル	37
	シュー・シノワ	34
	スパイシー・アップル	65
	2杯目の青汁	24
	ピリッとリンゴ	17
	フォー・ウェイク・アップ	21
	フレッシュ・キャベツ	19
	マルチ・ビタミン・カルシウム	30
	ミブリー	18
	メランジュ	36
	野菜ミックス	30
	リーフ&ヨーグルト	22
リンゴ酢	ポミエ	83
レタス	メロン・サラダ	23
レッドカラント	スクレ	78
レッドグローブ	青汁スイート	35
レモン	青汁スイート	35
	アップル+ジンジャー	55
	安心ヨーグルト	56
	オータム	68
	オレンジ・ウインドウ	30
	ガスパチョ・ドリンク	32
	シトラス・ミックス	51
	スパイシー・アップル	65
	ピリッとリンゴ	17
	フェイサワー	75
	マルチ・ビタミン・カルシウム	30
	まるまるトマト	20
	野菜ミックス	30
	ランブー	49
レモン果汁	カキ・ジンジャー	85
	グリーン・シャワー	22
	ピュア	44

MORNING COCKTAIL

栄養ジュースとフルーツドリンク

初版印刷	2001年7月20日
初版発行	2001年7月30日
著者©	長井香奈枝(ながい・かなえ)
監修	天野秀二(あまの・しゅうじ)
発行者	野本信夫
発行所	株式会社柴田書店
	〒113-8477
	東京都文京区本郷3-28-8
	電話／注文窓口　0489(79)3121（流通センター）
	お問合せ　03(5684)5036（営業部）
	書籍編集　03(5684)5046
	振替口座　00180-2-4515
	ホームページURL　http://www.shibatashoten.co.jp
撮影	天方晴子
装丁デザイン	田島浩行
印刷	凸版印刷株式会社
製本	凸版印刷株式会社

落丁本、乱丁本は小社営業部宛にお送りください。送料小社負担にてお取り替えいたします。

Printed in Japan

著者
長井香奈枝(ながい・かなえ)

　大学卒業後、調理師免許を取得。パリのコルドン・ブルー本校に留学し、フランス菓子とフランス料理を学び、現地のレストランにて研修を重ねる。
　その後ヨーロッパ各地を巡り、その地方の料理を題材にした記事を寄稿する。3年後に帰国。2000年1月よりフランス料理・菓子に関する記事の執筆など、フランス食文化に関するさまざまな活動を開始し、現在に至る。
　ヨーロッパ地方料理に大きく関わりをもつフランス料理をより深く究めるために、フランスだけにとどまらず、ヨーロッパ全域に目を向けた研究活動を続けている。年に1度は、必ずフランスを中心にした研修旅行を行ない、つねに新しい食材、料理の探究を心がけている。

監修
天野秀二(あまの・しゅうじ)

　1915年生まれ。1938年明治大学商学部を卒業、住友銀行勤務を経て、1960年に㈱新宿高野に入社。以来40数年にわたってファッション、フルーツ、フード、フルーツパーラーの営業、販売促進、広報などを広く歴任し、現在は社長室室長とギャラリー新宿高野館長を兼任する。フルーツに関する造詣が深く、フルーツ評論家として新聞、テレビで活躍する。趣味も多岐にわたるが、世界のフルーツ切手やフルーツネクタイ、フルーツインリキュールのコレクションは有名。著書は『くだもの風土記』『世界の果物雑学事典』（毎日新聞社）、『図説世界のくだもの366日事典』（講談社＋α文庫）、『くだもの天国』（TBSブリタニカ）、『フルーツパーティー』（朝日新聞社）、『魅力の果物たち』（東京新聞社）、『フルーツ・カットと盛合せのテクニック』（柴田書店）など数多い。